専門図書館探訪

あなたの「知りたい」に応えるガイドブック

青柳英治・
長谷川昭子 [共著]
専門図書館協議会 [監修]

勉誠出版

はしがき

　近年，図書館を紹介するガイドブックがいくつか刊行されている。いずれも，主として公立図書館や大学図書館を対象に，建物の外観や閲覧室，貴重書など複数の写真と，図書館の概要を伝える文章とで構成されている。読みものというよりは，訪問してみたいと思えるようなしゃれた写真集といった趣のものが多い。

　他方，専門図書館を対象に，そのコレクションやレファレンスサービスの内容，催しものなどを中心に紹介した図書は少ない。専門図書館では，特定のテーマを扱った資料や情報を収集して利用者に提供する。そのため，一般の人たちに身近でなく，専門家や研究者が利用するところというイメージがあるようだ。しかし，各種団体，博物館や美術館に附設する専門図書館は，公開され，一般の人たちにも利用の機会が開かれている。残念ながら，そのことはあまり知られていない。そこで，一般の人たちが利用できる公開型の専門図書館を対象に，各館が提供する特徴的なサービスを，写真も含めてわかりやすく紹介するガイドブックを刊行することにした。

　本書の読者には，次の四者を想定している。

（1）日常生活のなかで気になったこと，知りたいと思ったことを調べる一般の人たち

（2）夏休みの自由研究や宿題の材料を探している小中高の児童・生徒

（3）授業などで課されたレポートや論文執筆のための資料や情報を得たい大学（院）生

（4）他の図書館を紹介するためのレファレンスツールを求める公立図書館などの司書

　本書では，こうしたさまざまな読者に対応できるよう，次のような構成とした。「もくじ」では，専門図書館を9つのジャンルに分け参照を容易にした。合わせて，本文中で記したキャッチコピーを併記した。「専門図書館を上手に活用するには」では，専門図書館の種類，掲載館の紹介を通して得られた専門図書館の特徴，それら特徴を踏まえた専門図書館活用のコツを示した。さらに，本文を参照する際に参考となる凡例を「本書の見方」として記した。

　本編にあたる「多様な専門図書館61選」では，1館分を見開き2ページとし，61館を掲載した。各館の冒頭にはキャッチコピーを付記し，読者がその図書

館をイメージしやすいよう配慮した。各館の内容は，沿革，所蔵資料や提供情報の種類と数量，サービスの種類と概要，実施する催しものなどである。また，読者の理解を助けるために各館4枚程度の写真も掲載した。さらに，各館紹介ページの左端に目次のジャンルと連動したインデックス機能も付けた。紹介ページの末尾には，訪問や問合せに必要となる住所，電話番号，最寄駅，開館・休館情報，地図にリンクしたQRコードなどの基本情報をまとめて記した。

巻末の「掲載館リスト＆データ」では，掲載した61館を50音順に排列して一覧リストとし，掲載ページを付して索引の機能を持たせた。さらに，図書館の面積，座席数，ソーシャル・ネットワーキング・サービス（SNS）の開設状況など，本文で記載できなかった情報も付加した。

本書の作成にあたっては，まず，掲載候補館に対して，本書作成の趣旨を文書で説明し，掲載許諾が得られた図書館に調査票の記入とデジタルデータによる写真の提供を依頼した。次に，提供された情報をもとに，適宜，掲載館のウェブサイトなども参考にしながら，著者が分担して各館の紹介記事を執筆した。最後に，執筆した原稿と巻末データについて，各館に内容確認を依頼し，掲載記事を確定した。

本書が多くの人たちの手に取られ，ふだん接する機会の少ない専門図書館を身近に感じ，訪問時にも役立つガイドブックとして，有効活用されることを期待している。

最後に，ご多忙にもかかわらず，本書への掲載を快諾いただき，著者が執筆した原稿の確認に協力いただいた掲載館のご担当者に心からお礼を申し上げたい。本書の刊行は，著者の一人が『専門情報機関総覧』（専門図書館協議会発行）の編集に携わるなかで，着想のヒントを得たものである。本書の刊行にあたり，監修者として相談に乗っていただいた専門図書館協議会の鈴木良雄事務局長にお礼を申し上げる。そして，本書の刊行に尽力くださった勉誠出版株式会社に感謝を申し上げる。

2019年9月

青 柳 英 治
長谷川昭子

もくじ

はしがき……ii
専門図書館を上手に活用するには……ix
本書の見方……xiv

多様な専門図書館61選

文学・歴史

文学を愛する人とともに
1 日本近代文学館……2

万葉の世界へいざなう
2 奈良県立万葉文化館 万葉図書・情報室……4

時空を超えた知の泉
3 東洋文庫……6

江戸東京の歴史と文化を凝縮
4 東京都江戸東京博物館 図書室……8

白亜の殿堂で「心について学ぶ」
5 大倉精神文化研究所 附属図書館……10

大阪の歴史と対話する
6 大阪歴史博物館 学習情報センター「なにわ歴史塾」……12

文化・芸術

マンガとサブカルチャーの殿堂
7 明治大学 米沢嘉博記念図書館……14

まんがの森へようこそ
8 広島市まんが図書館……16

野球少年だったあの日に戻れる
9 野球殿堂博物館 図書室……18

展覧会のあとにぜひ立ち寄りたい
10 東京都美術館 美術情報室……20

葛飾北斎の魅力に迫る
11 すみだ北斎美術館 図書室……22

伝統芸能をより深く理解するために
12 国立劇場 図書閲覧室……24

演劇の杜へのお誘い
13 早稲田大学坪内博士記念演劇博物館 図書室……26

宝塚歌劇と阪急電鉄のことなら
14 阪急文化財団 池田文庫……28

映画への情熱があふれる空間
15 国立映画アーカイブ 図書室……30

音楽ファンなら一度は訪れたい
16 民音音楽博物館 音楽ライブラリー……32

くらし

装いの世界へ誘う
17 神戸ファッション美術館 ライブラリー……34

化粧文化の歴史を魅せる
18 ポーラ化粧文化情報センター……36

「食」にまつわる資料の宝庫
19 味の素食の文化センター　食の文化ライブラリー……38

住生活の向上に役立つ
20 住総研 図書室……40

観光文化の発展を目指して
21 日本交通公社 旅の図書館……42

カメラと写真の発展史を資料で伝える
22 日本カメラ博物館　JCIIライブラリー……44

子どもと本の幸せな出会いを求めて
23 東京子ども図書館……46

v

社会

今を生きる女性によりそう
24 大阪府立男女共同参画・青少年センター（ドーンセンター）**情報ライブラリー**……48

女性の可能性を拓く
25 国立女性教育会館 女性教育情報センター……50

女性雑誌と古典籍・古文書が充実
26 石川武美記念図書館……52

雑誌記事から世相を読み解く
27 大宅壮一文庫……54

「思いやりの心」を育てる
28 人権教育啓発推進センター 人権ライブラリー……56

更生を支える人をサポート
29 矯正協会 矯正図書館……58

労働問題について調べるならここ
30 大阪産業労働資料館（エル・ライブラリー）……60

経済・産業

「働くこと」を考え続ける
31 労働政策研究・研修機構 労働図書館……62

金融や資本市場に関する資料を広く公開
32 日本証券経済研究所東京研究所 証券図書館……64

日本の産業発展の歴史をたどる
33 トヨタ産業技術記念館 図書室……66

鉄道ファン大集合
34 鉄道博物館 ライブラリー……68

もっと知りたい海運の世界
35 日本海事センター 海事図書館……70

飛行機好きのあなたにおすすめ
36 日本航空協会 航空図書館……72

印刷文化の奥深さを知る
37 印刷博物館 ライブラリー…74

紙の奥深さを再認識
38 紙の博物館 図書室……76

広告の社会的・文化的価値を届ける
39 アドミュージアム東京 ライブラリー……78

国際・外国事情

国際協力についていちから学べる
40 国際協力機構 図書館……80

文化交流で日本と世界の絆を育む
41 国際交流基金 ライブラリー……82

小規模ながら地球規模のテーマを扱う
42 国際連合大学 ライブラリー……84

開発途上国研究の拠点
43 日本貿易振興機構
   アジア経済研究所 図書館（学術情報センター）……86

韓国文化をまるごと味わう
44 駐日韓国大使館韓国文化院 図書映像資料室……88

フランス文化の情報を発信し続ける
45 アンスティチュ・フランセ東京 メディアテーク……90

赤毛のアンの国が身近に
46 カナダ大使館 E・H・ノーマン図書館……92

サイエンス

海洋・地球科学に関する資料が揃う
47 海洋研究開発機構横浜研究所 図書館……94

海からの贈りものと向き合う
48 水産研究・教育機構中央水産研究所 図書資料館……96

わが国の極域科学研究を支える
49 国立極地研究所 情報図書室……98

「生命の星」地球を探検
50 神奈川県立生命の星・地球博物館
   ミュージアムライブラリー……100

vii

銀河への扉
51 国立天文台 図書室……102

宇宙航空について知りたいときは
52 宇宙航空研究開発機構 本社図書館……104

医療・健康・福祉

患者・家族と手をたずさえる
53 東邦大学医療センター大森病院 からだのとしょしつ……106

市民の健康づくりの拠点
54 慶應義塾大学先端生命科学研究所 からだ館……108

人と薬のあゆみを知る
55 内藤記念くすり博物館 図書館……110

明日に向けて福祉を学ぶ
56 市民福祉大学 福祉ライブラリー……112

環境・まちづくり・防災

都民のオアシスのなかにある緑の殿堂
57 みどりの図書館 東京グリーンアーカイブス……114

まちの歴史を継承し未来へとつなぐ
58 名古屋都市センター まちづくりライブラリー……116

都市政策のことなら
59 福岡アジア都市研究所 都市政策資料室……118

減災のための知識の宝庫
60 全国市有物件災害共済会 防災専門図書館……120

災害の記憶を地域の防災に活かす
61 防災科学技術研究所 自然災害情報室……122

掲載館リスト＆データ……124

専門図書館を上手に活用するには

◆ 専門図書館を知る

　専門図書館とは，特定分野の資料を重点的に収集・整理・保存し，その図書館を設置した機関（親機関）の関係者や，外部の一般の人たちの利用に供する図書館をいう。親機関の種類（機関種）には，国・政府関係機関，地方公共団体，地方議会，民間企業，公益法人，大学，美術館，博物館，国際機関，公文書館などがある。また，専門図書館のなかには，図書館自体が一般社団法人や公益財団法人などの法人組織として設置されるものもある。民間企業のなかに設けられた組織内図書館を除き，一般に公開されているところが多い。

　本書では，右表の親機関に附設された（組織形態をとる）61の図書館（室），資料室，情報センターなどを対象に，その概要を紹介している。本書に掲載された専門図書館の機関種の内訳は右表のとおりである。多様な専門図書館のようすを読者にお伝えできれば幸いである。

本書掲載の専門図書館の機関種内訳

機関種	掲載数
公益法人	20
美術館・博物館	16
国・政府関係機関	13
大学	4
国際機関・外国政府機関	4
地方公共団体	1
団体	1
公立図書館	1
民間企業	1

◆ 専門図書館の特徴を理解する

　以下では，本書に掲載された専門図書館の紹介を通して確認できた特徴を整理してまとめる。専門図書館のアウトラインをつかんだうえで，個別の専門図書館の状況をご覧いただければ専門図書館に対する理解が深まるものと思われる。

◆ 親機関の刊行物を収集し公開

　独立行政法人，国立研究開発法人などの政府関係機関や，公益法人などに附設された図書館では，親機関が刊行する研究成果物や調査報告書をほぼすべて収集していることが多い。また，近年では，それらの多くをウェブサイトで全

文公開する機関も増えている。

[例…海洋研究開発機構横浜研究所 図書館，日本貿易振興機構アジア経済研究所 図書館
（学術情報センター）]

◆ グレイリテラチャーを収集

　特定分野のパンフレット，ちらし，ポスターなど，流通ルートに乗らない一般に入手困難な資料（グレイリテラチャー）の収集に力点を置いている。これらの資料はインターネットでも入手しづらいため，「掘り出しもの」に出会えることもある。

[例…早稲田大学坪内博士記念演劇博物館 図書室，大阪府立男女共同参画・青少年センター
（ドーンセンター）情報ライブラリー]

◆「○○文庫」「○○文書」といった貴重書コレクションが充実

　寄贈などによってまとまりのある貴重書を複数所蔵する図書館が多い。それらのうち，著作権法に抵触しないものを，デジタル化してウェブサイトで公開するところもある。

[例…大倉精神文化研究所 附属図書館，水産研究・教育機構中央水産研究所 図書資料館]

◆ 独自に分類体系を整備し図書を排架

　専門図書館では特定の主題分野の資料を重点的に収集している。そのため，幅広い主題分野の図書を分類するのに適した日本十進分類法では，きめ細かな分類が難しい。そこで，独自の分類体系を整え，図書を排架するところも見られる。

[例…味の素食の文化センター 食の文化ライブラリー，名古屋都市センター まちづくり
ライブラリー]

◆ 所蔵資料のアクセス手段の確保に注力

　専門図書館のなかには，一般の利用者が手に取れない閉架式で資料を管理しているところもある。そこで，図書や雑誌の所蔵状況を確認できるオンライン閲覧目録（OPAC）や，所蔵雑誌の記事や論文が検索できる書誌データベースを作成し，所蔵資料にアクセスしやすい環境を整えている。

[例…印刷博物館 ライブラリー，阪急文化財団 池田文庫]

◆ 児童・生徒向けのサービスも実施

　扱う主題分野にかかわる児童・生徒向けの図書を揃えて，夏休みなどにそれらを使い，自由研究や宿題に役立つ図書を展示したり，読み聞かせをしたりする。また，児童書などを展示して，人気投票などの企画を行うこともある。

[例…みどりの図書館 東京グリーンアーカイブス，トヨタ産業技術記念館 図書室]

◆ 所蔵資料を活用したイベントの開催

　所蔵する貴重書の展示会や，扱う主題にかかわるテーマを設定して，関連図書や，解説を記したパネルを陳列したイベントを行うところも見られる。また，親機関が実施するイベントに対し，図書館が関連する資料リストを提供して協力することもある。

[例…国立極地研究所 情報図書室，日本カメラ博物館 JCII ライブラリー]

◆ 利用者同士の交流や学びの「場所」を提供

　親機関の研究者や技術者などを図書館内の施設に講師として招き，扱う主題分野にかかわる講演会やワークショップなどを開いたり，相互交流や利用者の知識習得の場所を提供したりしているところも見られる。

[例…日本交通公社 旅の図書館，アドミュージアム東京 ライブラリー]

◆ 専門図書館活用のコツをつかむ

　先に紹介した専門図書館の特徴を踏まえて，以下では読者が専門図書館を利用する際に知っておくと便利な事項をまとめる。

◆ オンライン閲覧目録（OPAC）を使って所蔵資料を検索しよう

　OPAC では，図書や雑誌，独自コレクションといった所蔵資料を対象に，それらのタイトルや著者名などから検索できる。さらに，図書館によっては，図書の目次情報，雑誌記事・論文のタイトルや著者，掲載巻号，独自に付与したキーワードなどから検索できることもある。まずは各館紹介文の基本情報に掲載された URL から確認してみよう。

◆ 機関リポジトリやデジタルアーカイブから本文にアクセスしよう

親機関が研究機関の場合，附設する図書館が中心となり，機関の刊行物や所属している研究者の成果物などを電子的な形態でウェブサイトに蓄積し提供する「機関リポジトリ」を構築することが多い。また，貴重書コレクションなどを電子化して記録し，デジタルアーカイブとしてネットワーク上で公開するところも見られる。いずれも本文を参照できるため，上手に役立てたい。

◆ レファレンスサービスを活用しよう

利用者が特定の主題分野について不案内の場合，それらの資料・情報のなかから，必要とするものを自力で探し出すことは難しい。図書館には，利用者と資料・情報との間を仲介する図書館員がおり，利用者の要求に応えるためにレファレンスサービスを提供している。こうした図書館の専門家による人的支援サービスを活用して，各自がかかえる課題を解決してみよう。

◆ 文献複写の際には著作権法を守ろう

著作権法では，図書館における複製について定めている。複製は営利を目的としてはならず，複製を行えるのは司書相当職員が配置されている公立図書館，大学図書館，私立図書館，国公立の博物館や研究所の図書館などに限定されている。さらに，図書は1冊または1作品の半分まで，雑誌は次号発行または発行後3ヵ月経過していれば1記事全体を複製できるといったように，複製可能な資料と範囲も定められている。利用にあたっては，こうした点に留意し，各図書館が提供する複写サービスを活用しよう。

◆ 滞在してじっくり読書や調べものをしてみよう

専門図書館は，扱う主題が限られているため，公立図書館ほど来館利用者は多くはない。そのため，落ち着いた雰囲気のなかで，調べものに取り組むことができる。また，パソコンの持ち込みができたり，Wi-Fiの設備が整っていたりする図書館もあるため，ビジネスマンなどにはセカンドオフィスのような使い方も考えられよう。

◆図書館ごとに扱う主題分野を把握して横断的に活用しよう

　ふだんから関心領域の資料・情報を扱う専門図書館をいくつか把握しておこう。図書館を横断的に活用することで，資料・情報の入手ルートを複数確保できる。たとえば，浮世絵や錦絵を探したいときは，すみだ北斎美術館 図書室と東京都江戸東京博物館 図書室。マンガに関する情報なら，明治大学米沢嘉博記念 図書館，広島市まんが図書館，アンスティチュ・フランセ東京 メディアテーク…といった具合だ。

本書の見方

①ジャンル

各ページ左端にジャンルと一連番号を記し、インデックス機能を付けた。ジャンルは次の9種類とし掲載館を区分した。一連番号は掲載館固有の番号とした。

- 文学・歴史
- 文化・芸術
- くらし
- 社会
- 経済・産業
- 国際・外国事情
- サイエンス
- 医療・健康・福祉
- 環境・まちづくり・防災

②キャッチコピー

特徴を端的に表現したキャッチコピーを掲載した。

③名称

名称は法人組織名（一般社団法人，独立行政法人，国立研究開発法人など）を省略して記載した。

xiv

④写真

掲載館から提供を受けた外観，内観，所蔵コレクションなどの写真を掲載し，掲載館をイメージしやすくした。また，すべての掲載写真には内容を説明したキャプションを付けた。

⑤紹介文

掲載館の担当者に記入してもらった調査票（沿革，利用者の特徴，図書館の概要，コレクションとサービスの概要，実施しているイベントなど）をもとに，掲載館のウェブサイトなども参考にしながら紹介文をまとめた。紹介文には，小見出しをいくつか配して内容を把握しやすくした。

内容は原則 2018 年 8 月現在のものである。それ以降，名称や所在地の変更を把握した場合は，新しい情報を記した。そのほかにも，内容が変わっている可能性があるので利用の際には確認をお勧めする。

⑥基本情報

基本情報は掲載館から提供された情報に基づいている。各館の施設状況を示すアイコンの意味は以下のとおりである。該当する項目には色が付けてある。これらは親機関に設置されているものも含む。また，スマートフォンなどで QR コードを読み取ると地図を表示できる。

鉄道の最寄駅については，単線・複数路線乗り入れにかかわらず，JR 線は JR とだけ記し，地下鉄・私鉄は路線名を付記している。ただし，地下鉄が複数路線乗り入れている場合は，路線名を記さず地下鉄とだけ記している。

開館時間の曜日と時間，休館日は，美術館や博物館などに附設する図書館等では親機関に関するものでなく，図書館等の施設についての情報である。

サービスの一つである「複写」は，各掲載館とも有料である。また，「有料データベース・電子ジャーナル」は，各館が契約料金を負担しているため，利用者による負担はない。

 OPAC一般公開
 パソコン持込可
 車いす貸出あり
 Wi-Fi使用可
 児童・生徒向け資料あり
 身障者用トイレあり
 飲物の持込可
 カフェテリアあり

多様な
専門図書館
61選

- ◆……… 文学・歴史
- ◆……… 文化・芸術
- ◆……… くらし
- ◆……… 社 会
- ◆……… 経済・産業
- ◆……… 国際・外国事情
- ◆……… サイエンス
- ◆……… 医療・健康・福祉
- ◆……… 環境・まちづくり・防災

文学・歴史 1

文学を愛する人とともに
日本近代文学館

- 左：すっきりとしたたたずまいの建物外観。駒場公園のなかにある
- 右：貴重資料が保存されている集密書架

日本の近代文学を守り育てる

　小学校以来，国語の教科書に日本の近代文学の作品が載らないことはない。私たちはそこで不朽の名作に出会い，文豪を知り，文学への扉を開かれた。日本近代文学館は，日本の近代文学に関する専門図書館として，1967年に開館した。明治以降現代までの日本文学関係資料と，その関連分野の資料を収集・保存し，今後の日本文化の発展に役立てることを目的としている。

　文学館は文壇有志によって設立が進められ，開館以降は，文学を愛する人々の献身と各界の協力によって維持運営されてきた。総合資料館としての側面も持っているため，資料の収集・保存・公開はもとより，イベントの開催，刊行物の発行，施設の公開など，多面的な活動を行っている。

資料が語る文豪の素顔

　1階の図書閲覧室に入ると，目録カードボックスがズラリ。2003年以降はすべてオンライン閲覧目録（OPAC）で検索する方法に変わったが，年配の利用者のなかにはカード目録に慣れている人も多く，今も重宝されている。蔵書は，図書が約488,000冊，雑誌は約28,000誌で，

- 閲覧室カウンターホール

2

資料のほとんどは文学者やその遺族，研究者，出版社などからの寄贈によるもの。作家が商業デビュー前に参加していた同人誌，短歌・俳句・詩雑誌なども多数所蔵している。作家の肉筆原稿などの「特別資料」を除き，いずれも予約・紹介なしで閲覧できる。

　数ある貴重な資料のなかでも，お宝は157件の文庫・コレクション。芥川龍之介文庫，太宰治文庫，志賀直哉コレクションなど，文豪たちの原稿，日記，書簡，遺愛品などが収められている。多いものでは，一つの文庫で数万点にも及ぶ。教科書で出会った文豪たちの素顔に触れることができる。

　利用資格は満15歳以上。2017年より18歳から15歳に引き下げ，夏季展示に高校の教科書に掲載されている定番の文学作品をテーマに取り上げたところ，中高生や教員の来館が増えたという。

各種文学行事も目白押し

　2階には展示室と講堂がある。展示室の入口では，開館に尽力した高見順の胸像が出迎える。室内では，年に4,5回，展示替えをして文学展が開かれる。講堂では，朗読会や資料講座が年に数回ずつ開かれ盛況だ。イベントの一つ「文学館へ行こう！」は，文学を学び始めた大学生・大学院生を対象にした文学館利用案内講座。生の資料に間近に接し，館員の展示解説を聞き，閲覧室の利用方法を知り，書庫を見学するという盛りだくさんなプログラム。人気が高いのも納得だ。疲れたら1階の喫茶室「BUNDAN」で，文豪の名にちなんだコーヒーや，文学作品に登場する料理で一息入れるのもおすすめ。

●年に数回文学展が開かれる展示室

基本情報	
●住所	〒153-0041 東京都目黒区駒場4-3-55
●電話	03-3468-4181
●最寄駅	京王井の頭線駒場東大前駅
●開館時間	平日・土 9：30～16：30
●休館日	日・月・第4木，特別整理期間（2月・6月の第3週），年末年始
●料金	300円
●URL	https://www.bungakukan.or.jp
●サービス	閲覧，レファレンス，複写

●MAP

文学・歴史 2

万葉の世界へいざなう
奈良県立万葉文化館 万葉図書・情報室

●明日香の景観に調和した建物

●明るく広々とした閲覧室

万葉のふるさと 明日香村にある図書室

　『万葉集』は，飛鳥・奈良時代に詠まれた4,500余首を収めたわが国で現存する最古の歌集。そのなかでも，奈良を題材に詠まれた歌がもっとも多い。万葉のふるさと奈良。ここに2001年，奈良県立万葉文化館が誕生した。『万葉集』を軸に古代文化に関する総合拠点として，調査・研究，展示，図書・情報サービスの3つの機能を持つ。このうち，図書・情報サービス機能を担うのが，万葉図書・情報室だ。

　図書・情報室は万葉文化館の1階にある。利用者は，『万葉集』や古代史に興味のある人をはじめ，明日香への観光を兼ねて立ち寄る人が多い。修学旅行や遠足で訪れる児童・生徒にも人気のスポット。レファレンスサービスには，古代の衣装や食事，『万葉集』に詠まれた植物や地名，万葉歌碑や古代の人物についてなど，さまざまな質問が寄せられる。

『万葉集』についての貴重書も多数所蔵

　『万葉集』を中心に広く古代に関する資料を収集。蔵書は図書約17,300冊，雑誌は12誌。古代に関するCD-ROMやDVDも揃う。図書のうち約2,500冊は，万葉文化館開館に伴い，奈良県立橿原図書館「万葉文庫」より移管されたもので，長年蓄積されてきた『万葉集』関係の貴重な図書。近年では，日本画壇を代表する小林古径氏ら5人の画家が絵を描き，書家の尾上柴舟氏が仮名書きした木版画の「萬葉百首絵歌留多」（主婦の友社，1927年）を万葉文化館が入手。

●奈良県立橿原図書館の「万葉文庫」より移管された雑誌『萬葉』（第1号（1971年）-第31号（2001年））

●『万葉集』について検索できる「万葉百科システム」

　図書・情報室では，その解説書である太田水穂著『萬葉百首選評釈』（主婦の友社，1928年）を収集した。国内でも所蔵館の少ない貴重書である。

　また，図書・情報室内には「万葉百科システム」を設置。これは万葉歌すべてと，その時代の情報をデータベース化し，歌人名や地名，歌に含まれる語句，『万葉集』に詠まれた動植物名など，さまざまな角度から検索できるシステム。記憶している歌の一部から知りたい万葉歌にたどり着ける。利用者には手軽で便利と好評だ。

古代の歴史と文化を体感

　万葉文化館では，研究員による万葉古代学に関する講座を定期的に開催し，最新の研究成果をわかりやすく紹介している。また，万葉衣裳の試着体験，飛鳥池工房遺跡にちなんだ富本銭づくりなど，さまざまなイベントを開催。秋には，万葉庭園の草花で葉書やメッセージカードを作ったり，ミニチュアサイズの本を作ったりするイベントも。大人も子どもも古代人の気分を味わい，万葉の世界を体験できる。館内のミュージアムショップで万葉文化館のコレクションである「万葉日本画」の絵葉書を探すのも楽しい。

基本情報	
●住所	〒634-0103 奈良県高市郡明日香村飛鳥10
●電話	0744-54-1850
●最寄駅	奈良交通明日香周遊バス（赤かめ）万葉文化館西口バス停下車
●開館時間	平日・土・日・祝日10：00～17：30（入館は17：00まで）
●休館日	月曜（祝日の場合は翌平日），その他要問合せ
●料金	無料（日本画展示室のみ有料）
●URL	http://www.manyo.jp
●サービス	閲覧，レファレンス，複写

文学・歴史 3

時空を超えた知の泉
東洋文庫

●シーボルトガルテンから眺めた東洋文庫の全景

●静謐な閲覧室

東洋の歴史と文化を伝える

　「日本最大の東洋学の研究図書館」「蔵書数は国宝5点と重要文化財7点を含む100万冊」と聞くと，敷居が高いと感じる人がいるかもしれない。ここは，三菱第三代当主岩崎久彌氏が1924年に設立した東洋文庫。中東・北アフリカとアジア全域を収集対象とし，世界の五大東洋学研究図書館の一つに数えられる。2011年にリニューアルオープンしてからは，ミュージアムを新設し，一般の人への普及活動にも力を入れるようになった。今では研究図書館としての顔に加え，東洋の歴史と文化を気軽に楽しめる，休日のお出かけスポットにもなっている。

ひしめくお宝

　蔵書は，漢籍40％，洋書30％，和書20％，そのほかアジア・アフリカ言語の資料が10％。資料はオンライン閲覧目録（OPAC）で検索できる。数ある貴重書コレクションのうち，特筆したいのはモリソン文庫（後述）と岩崎文庫。岩崎文庫は，岩崎久彌氏の収集したコレクション。和漢の古典籍約38,000冊は，書誌学上の重要文献と江戸時代の文学，演劇，美術などに関する多彩な資料で構成される。資料は閉架式のため，閲覧希望の際は申し込みをして利用する。ただし，貴重書の閲覧には事前予約が必要。

必見スポット　ミュージアムとモリソン書庫

　ミュージアムでは「わかりやすい説明」を心がけ，大人から子どもまで楽し

める展示を目指している。1階のオリエントホール，2階のモリソン書庫，回顧の路などは，歴史の知識がなくても楽しめる空間となっている。

なかでも最大の見所はモリソン書庫。東洋文庫設立のきっかけとなったモリソン文庫をひとまとめにした展示室だ。ロンドンタイムズの極東

●威風堂々のモリソン書庫。約24,000冊の図書が並ぶ

特派員だったモリソン（Morrison, G. E.）氏が収集した東洋に関する欧米のコレクション，洋書約24,000冊が並ぶ。マルコ・ポーロ『東方見聞録』の各種刊本や，各国の中央アジア探検隊の調査報告なども含む。

図書が床から天井まで並ぶさまは壮観を通り越して荘厳。デジタル時代とは言え，知識の集積の物量に圧倒される。ミュージアム内ではどこでも写真撮影ができるのも嬉しい。なお，入館は有料。

大人も子どもも講座で学ぶ

年3回の企画展示のほか，東洋学講座，講演会，研究会などを多数開催している。市民講座「東洋文庫アカデミア」では，イスラム美術講座や仏典講読も開講。小学生向けの学習プログラムやワークショップも好評とのこと。東洋の歴史と文化に魅了され，触発されることは間違いない。

●大勢の見学者が訪れる企画展示

基本情報

●住所	〒113-0021 東京都文京区本駒込2-28-21
●電話	03-3942-0121
●最寄駅	JR・地下鉄南北線駒込駅，地下鉄都営三田線千石駅
●開館時間	平日・土 9：30 ～ 16：30（資料請求は16：00まで）， ミュージアムとモリソン書庫の開館 10：00 ～ 19：00（入館は18：30まで），
●休館日	日・火・祝日，その他要問合せ（ミュージアムとモリソン書庫の休館は火曜）
●料金	無料（ミュージアムとモリソン書庫は有料 一般900円，中高校生600円他）
●URL	http://www.toyo-bunko.or.jp
●サービス	閲覧，レファレンス，複写

●MAP

文学・歴史 4

江戸東京の歴史と文化を凝縮
東京都江戸東京博物館 図書室

●高床式の倉をイメージした建物外観

●明るいガラス張りの図書室入口
（写真はすべて東京都江戸東京博物館提供）

江戸と東京をタイムトラベル

　東京は墨田区、両国駅のそばに、高床式の倉をイメージしたユニークな大きな建物がある。1993年に開館した東京都江戸東京博物館だ。江戸東京の歴史と文化をふりかえり、未来の都市と生活を考える場として誕生した。現在は東京を代表する観光スポットとして、外国人にも人気が高い。

　図書室は博物館最上階の7階に、博物館開館と同時にオープンした。博物館の高さ（約62m）は、江戸城の天守閣の高さとほぼ同じ。7階フロアに立つと、その高さが体感できる。図書室は、研究者や学生をはじめ、博物館を見学に来た親子連れや、調べ学習のための小中学生にも広く利用されている。教育関係機関の取材や、博物館や美術館など他の文化施設からの視察も多い。

マイクロフィルムで貴重書を閲覧

　図書室は、博物館の一施設として、広く江戸東京の歴史と文化に関する資料を収集し提供している。蔵書は、図書約112,000冊、雑誌約4,500誌。マイクロフィルムも多く、江戸東京博物館所蔵文書、旧大名家等で作成された江戸藩邸日記など総数64種類。たとえば「勝海舟関係

●低層書架が中心の広々とした閲覧室

文書」は，博物館所蔵の勝海舟関係資料のうち，文書・著作類（53件124点）を，また日本法制史学者，石井良助氏の旧蔵資料「石井コレクション」は，博物館所蔵の古文書類を，それぞれマイクロフィルム化したもの。「石井コレクション」のなかには雉子町（現千代田区神田司町）の名主が編纂した町触集の写本『類聚撰要』や，幕末期の四谷塩町一丁目（現新宿区本塩町）の人別帳，町入用帳，御触留も含まれ，江戸の暮らしを生き生きと伝えている。

ウェブサイトにはレファレンス事例集も

　江戸東京に関する専門図書館であるため，さまざまなレファレンス質問が寄せられる。「江戸時代，うなぎのかば焼きは開いていなかったのか」「隅田川の桜はいつ，誰が植えたのか」など。図書室では多くの資料を用いて回答する。なお，この質問と回答の内容は，図書室のウェブサイト「レファレンス事例集」で公開されている（約150件）。この事例集を見ているだけでも，ちょっとした「江戸通」になった気がしてくる。

博物館の展示や講座と図書室を結び付ける

　図書室では，「図書室への招待席」と題し，あるテーマから展示室（展示資料）と図書室（図書資料）を結び付けるツアー・講座などの教育普及事業や，博物館講座の参加者を図書室の利用に結び付ける連携事業も行っている。同じフロアには，博物館オリジナルの映像作品を見られる映像ライブラリーも。江戸東京の魅力を深く味わうためにも，ぜひ合わせての利用をおすすめする。

●利用案内やレファレンスを行うカウンター

基本情報	
●住所	〒130-0015 東京都墨田区横網1-4-1 東京都江戸東京博物館 7F
●電話	03-3626-9974
●最寄駅	JR・地下鉄都営大江戸線両国駅
●開館時間	平日・土・日・祝日 9：30～17：30
●休館日	月曜（祝日・振替休日の場合はその翌日），その他要問合せ
●料金	無料
●URL	http://www.edo-tokyo-museum.or.jp
●サービス	閲覧，レファレンス，複写

文学・歴史 5

白亜の殿堂で「心について学ぶ」
大倉精神文化研究所 附属図書館

● ギリシャ神殿を思わせる「プレ・ヘレニック様式」の大倉山記念館。研究所と図書館が入る

● 貴重なコレクションが排架された書庫

精神文化の研究と普及に取り組む

　大倉精神文化研究所は，1932年，実業家でのちに東洋大学学長を務めた大倉邦彦氏によって東西の精神文化を研究するために設立された。氏は所長として，研究所の経営と指導にあたり，各分野の一流の研究者を集め，学術研究を進めた。同年，精神文化に関する内外の図書を収集して附属図書館を開設。

　研究所の歩みは平坦ではなく，特に戦後は財政難が続き，一時期，図書館は国立国会図書館の支部図書館になった。1960年，研究所附属図書館に戻るが厳しさは変わらず。1981年，研究所は横浜市に土地を売却し，建物を寄贈。現在では，建物の名称を横浜市大倉山記念館と変え，そのなかで活動を続ける。観梅の名所として有名な大倉山公園の梅林と合わせて，図書館を訪れる人たちも多い。

精神文化に関わる数々の「貴重コレクション」

　主要な蔵書は，図書105,000冊，雑誌1,200誌（継続320誌）。哲学，宗教，歴史，文学などの図書や雑誌を中心に入門書から専門書まで揃う。特に，神道，仏教，儒教，日本史については，古書から新刊書まで豊富に所蔵。

　蔵書の約4割を占める「貴重コレクション」は，24種類約40,000冊に上る。古文書をはじめとする和装本，研究所の開設に先立ち昭和初期にヨーロッパで購入された洋書や，氏と交流のあった各著名人から寄贈されたものなど多岐にわたる。

「タゴール文庫」はそうしたコレクションの一つだ。「詩聖」と呼ばれたラビンドラナート・タゴール（Tagore, Rabindranath）氏は，1913年にノーベル文学賞を受賞したインドの思想家。氏が直接寄贈した著書159冊と，研究所が日本で収集した図書から成る。寄贈書は全ページがデジタル化され，研究所ウェブサイトで閲覧できる。

●「タゴール文庫」の一部。デジタルアーカイブで全文参照できる

開かれた図書館を目指して

「貴重コレクション」に関わるレファレンス質問も，たびたび受ける。たとえば，「遠山金四郎について調べている。関連資料を所蔵していると聞いたので見せてほしい」。こうした質問には，「金沢甚衛旧蔵資料コレクション」に含まれる『遠山金四郎役宅日記』を紹介。

また，図書館では，定期的に資料展を開催し，所蔵する「貴重コレクション」を展示している。さらに，研究所が開催する「大倉山講演会」などに連動させたミニ展示も実施。講演会参加者の理解を深めることを目指している。

幾多の困難を乗り越え，日本の伝統文化や古き良き思想を守ろうとした大倉氏の信念は，今日に至るまで，大倉山の地から発信され続けている。

●『遠山金四郎役宅日記』（御用部屋，1855（安政2）年7月〜12月）

基本情報	
●住所	〒222-0037 神奈川県横浜市港北区大倉山2-10-1
●電話	045-834-6636
●最寄駅	東急東横線大倉山駅
●開館時間	平日・土 9：30 〜 16：30
●休館日	日・月・祝日，年末年始
●料金	無料
●URL	http://www.okuraken.or.jp/tosyokan/
●サービス	貸出，閲覧，レファレンス，複写

文学・歴史 6

大阪の歴史と対話する
大阪歴史博物館
学習情報センター「なにわ歴史塾」

●左：紡錘形のフォルムが美しい外観
●右：落ち着いた雰囲気の閲覧室

大阪の歴史と文化に関する情報を収集

　2001年，大阪歴史博物館は，「大阪市立新博物館」と「考古資料センター」双方の構想を統合する形で開館した。「なにわ歴史塾」は，学習情報センターとして歴史博物館の2階に設置。歴史博物館の展示について，さらに深く学べるよう大阪の歴史と文化に関する情報を幅広く集めている。

　江戸時代の大阪（当時は大坂）には学習環境が整っておらず，学習意欲に燃える人たちが懐徳堂や適塾といった「塾」で学んでいた。「なにわ歴史塾」は，こうした「塾」にちなんで名付けられたもの。主な利用者は，大阪の歴史や文化に関心のある人，学校，団体，そして外国人観光客だ。

歴史にまつわる数々のコレクション

　歴史博物館では，図書約56,000冊のほか多数の雑誌，発掘調査報告書，展覧会図録などを所蔵。そのうち，歴史塾では，大阪の歴史に関するもの約6,000冊を開架し，そのほかは閉架書庫に。いずれの資料も，オンライン閲覧目録（OPAC）で検索でき，閉架書庫の資料も申請によって閲覧できる。歴史博物館では，大阪の歴史をはじめ，さまざまな分野の歴史研究上，重要な資料を多数収蔵している。歴史塾では，これらの複製本を順次制作し広く利用に供している。たとえば，1836年，大阪で幕府に対し乱を起こした大塩平八郎の町奉行所与

力時代から蜂起，処刑までを挿絵入りで描いた記録『出潮引汐奸賊聞集記』。その挿絵は，教科書や参考書に多数掲載されている。

また，歴史博物館で制作した映像ソフトを館内で視聴したり，戦前・戦後の大阪市民の暮らしがわかる『昔の大阪』写真ライブラリーをウェブサイトから閲覧したりできる。

●複製本『出潮引汐奸賊聞集記』（19世紀中頃）

特別展や夏休みの宿題と連動した図書コーナーも

「大阪の『坂』が『阪』になったのはなぜ？」「『なにわ』の語源は？」。歴史塾に寄せられるレファレンス質問の一部だ。こうした質問には，『大阪府の歴史』などを使って司書が対応する。対応が難しい場合には，その分野の学芸員が協力することも。

歴史博物館では，定期的に「特別展」を開催している。歴史塾は，特別展に関連した図書コーナーを設置し，蔵書のなかから関連図書を紹介している。たとえば，「NHK大河ドラマ特別展 西郷どん」の会期中には，西郷隆盛，島津斉彬などについての図書を展示。また，毎年，「夏休み子ども特集」を開催。テーマを決めて，小学生の夏休みの宿題に役立ちそうな本を紹介している。親子連れで，訪れてみるのもよいだろう。

●特別展「西郷どん」開催時に設けられた関連図書コーナー

基本情報	
●住所	〒540-0008 大阪府大阪市中央区大手前4-1-32
●電話	06-6496-5728
●最寄駅	地下鉄谷町四丁目駅
●開館時間	平日・土・日・祝日9：30～17：00（特別展会期中の金曜は20：00まで）
●休館日	火曜（祝日の場合は翌日），年末年始（12月28日～1月4日）
●料金	無料（博物館展示観覧は有料）
●URL	http://www.mus-his.city.osaka.jp/
●サービス	閲覧，レファレンス，複写

● MAP

13

マンガとサブカルチャーの殿堂
明治大学 米沢嘉博記念図書館

● 左：レンガ色とグレーのツートンカラーが印象的な外観
● 右：机とカウンターが配置された機能的な2階閲覧室

米沢嘉博氏の寄贈書をベースに

　古今を通じて老若男女を問わず愛読され続けるマンガ。2009年, 明治大学は, マンガ評論家でコミックマーケット準備会前代表であった故米沢嘉博氏の資料約14万冊の寄贈を受け, 米沢嘉博記念図書館を開館した。

　氏は, 明治大学在学中より批評集団「迷宮」の活動に参加。1980年から著作活動を開始し, 以後マンガ評論を中心に大衆文化関連の評論を行ってきた。日本マンガ学会の設立にも参画し, 第21回日本出版学会賞（1999年）を受賞するなど, 幅広く活躍した。

マンガ好きが至福の時を過ごせる空間

　蔵書の中心は, 1950年代〜2000年代のマンガ雑誌・単行本のほか, 同人誌, サブカルチャー（SF・アニメ・映画・音楽）雑誌・関連書。資料に直接バーコードや分類シールなどを貼らず, 1冊ずつ袋に入れて管理。そのため, 資料の価値を損ねることなく, 表紙や背表紙など発行当時の状態を保っている。現在, 寄贈された資料のうち, 約10万冊を整理し公開している。

　主な利用者は, マンガ研究者やマンガファン, 明治大学の学生など。本の街神保町にも近いため, 本好きの人たちの探訪スポットにもなっている。日本のサブカルチャーの調査研究のために, 国内外を問わず遠方からの来館も珍しくないという。

レファレンス質問では、「1964年〜66年頃の『週刊少女フレンド』か『週刊マーガレット』に掲載されていたらしい、実写映画に出演していた外国人俳優の紹介記事を読みたい」といったものも。1964年6月7日発行の『週刊マーガレット』に当該記事を発見。現物を所蔵する強みを活かした対応だ。

●マンガ雑誌や単行本のカラフルな背表紙で賑わう書架

展示やイベントも盛りだくさん

利用には3種類の会員（1日・1ヵ月・1年）のいずれかになる必要がある。会員の種類によって、会費と閲覧できる資料の範囲が異なっている。

各種の展示やイベントも実施。毎年開催される「ガイマン賞」もその一つ。ガイマンとは、海外マンガの略で、最初に外国で出版され、その後、媒体を問わず日本で邦訳・販売されているマンガを指す。その普及を目的に、2012年、賞が創設された。1年間に翻訳出版されたガイマンを対象に、読者投票によってベスト作品を決めるイベントだ。図書館はその東京会場になっている。このほか、1階展示室（入館無料）では、年3回、独自の企画展示を実施している。2階閲覧室では、トークイベントの開催や、コミックマーケットで新刊頒布された同人誌の見本誌の提供なども。マンガの世界に浸りたい人はぜひ。

●米沢嘉博氏を紹介した年表と展示棚のある1階展示室

基本情報	
●住所	〒101-8301 東京都千代田区神田猿楽町 1-7-1
●電話	03-3296-4554
●最寄駅	地下鉄神保町駅、JR・地下鉄丸ノ内線御茶ノ水駅、JR・地下鉄都営三田線水道橋駅
●開館時間	平日 14：00 〜 20：00、土・日・祝日 12：00 〜 18：00
●休館日	火・水・木、年末年始、特別整理期間
●料金	有料（300円＋税／1日〜）利用は18歳以上、1階展示室は無料
●URL	http://www.meiji.ac.jp/manga/yonezawa_lib/
●サービス	閲覧、レファレンス、複写

まんがの森へようこそ
広島市まんが図書館

●左：建築家黒川紀章氏の設計によるモダンなデザインの外観
●右：作者の五十音順に並ぶまんが

文化・芸術 8

クール・ジャパンの魅力にひたる

　街の中心にほど近い丘の上の公園に、しゃれたデザインの2階建ての建物がある。1997年に開館した広島市まんが図書館だ。まんがを所蔵する公立図書館は多いが、まんが専門の公立図書館は国内唯一。まんがと、まんがに関する資料を収集・提供し、各種行事を通してまんが文化の向上を目指している。

　誰でも自由に閲覧でき、手続きをすれば、周辺のベンチでまんがを楽しめ、「木陰で読書」も可能だ。市立図書館の利用券があれば、貸出も受けられる。春には桜、秋には紅葉を愛でながら、クール・ジャパンの魅力に浸れること請け合いだ。広島観光のついでに立ち寄る人が多いというのも頷ける。

まんがを介して日本文化への理解を深める

　閲覧室には窓際まで途切れることなく書架が並び、隅から隅まで、まんがであふれている。まんがは作者の五十音順に配され、なかには手前と奥と二重に置かれている棚も。蔵書数は約15万冊。利用者は小中学生が中心と思われがちだが、大人も多く、休日にはたくさんの人で賑わう。あちこちに椅子やソ

●休日には大勢の人で賑わう貸出カウンター

ファが置いてあるので、じっくり腰を落ち着けて読めるのもありがたい。

壁際の貴重資料コレクションには、『鳥獣人物戯画（複製）』(12世紀)、『鳥羽絵』(18世紀)、『北斎漫画』(1814年) などがあり、比較的新しいところでは『週刊少年マガジン』『週刊少年サンデー』の創刊号（いずれも1959年）がある。ただし、これらの貴重資料の利用は館内閲覧のみ。

●貴重資料コレクション。利用は館内閲覧のみ

「ひろしまコーナー」では、広島出身や在住の作家の作品や、広島を題材とした作品を紹介。原爆や平和を考えるまんがや、作品の舞台が広島市で、背景や方言に広島を楽しめるまんがが集められている。

このほか、「外国語まんがコーナー」や「まんが研究資料コーナー」も。帰る頃には、まんがを介して、ここを訪れる前よりも日本文化や歴史への理解が深まっていることだろう。

イベントも盛りだくさん

図書館では、まんが文化を伝えるために、さまざまな行事を行っている。小学3～6年生と中高生をそれぞれ対象にした「漫画講座」や、一般の人を対象とした「漫画史講座」など多数ある。ユニークなのは、「おもしろその年まんが大賞」。その年の話題や出来事を描いた、明るくユーモアあふれる1～4コマのまんがを募集して行うコンテストだ。プロ・アマの区別なく、幅広い世代から応募がある。受賞者のなかから、未来のまんが家が誕生するかもしれない。

基本情報	
●住所	〒730-0011 広島県広島市南区比治山公園 1-4
●電話	082-261-0330
●最寄駅	広島電鉄比治山下バス停下車、広島バス段原中央バス停下車
●開館時間	平日・土・日・祝日 10：00 ～ 17：00
●休館日	月曜、その他要問合せ
●料金	無料
●URL	http://www.library.city.hiroshima.jp/library/manga/index.html
●サービス	貸出、閲覧、レファレンス、複写

●MAP

野球少年だったあの日に戻れる
野球殿堂博物館 図書室

● 左：東京ドーム 21 ゲート右にある入口
● 右：博物館の奥に位置する図書室

文化・芸術 9

日本で初めての野球専門博物館

　今も昔も，世代を超えて多くの人たちに人気の野球。応援する球団によって，記憶に残る好プレーや名選手もさまざま。野球殿堂博物館（旧 野球体育博物館）は，1959 年，日本初の野球専門博物館として，後楽園スタヂアムの隣に開館した。東京ドームの建設に伴い，1988 年にドーム 21 ゲート右に移転。2013 年，法人組織の変更により，現名称に変更された。博物館は，野球の歴史と現在を展示する「博物館事業」と，日本の野球の発展に尽力した人を選出表彰する「野球殿堂事業」を行う。野球ファンにはお馴染みの「野球殿堂入り」だ。

　図書室は，1959 年の博物館開館と同時に開設。博物館の入館者なら誰でも利用できる。主な利用者は，マスコミ関係者，研究者や学生，趣味で試合や選手のことを調べる一般の人たちだ。

高校野球の資料からプロ野球の公式記録まで

　収集する資料は，プロ野球に限らず，高校・大学・社会人野球，女子野球，学童・少年野球に関する資料はもちろん，大リーグをはじめ，韓国や台湾など海外の野球に関する資料にまで及ぶ。所蔵数は，図書 20,560 冊（うち外国語 5,360 冊），雑誌 880 誌（同 130 誌）。

　貴重なコレクションには，アメリカで発行された The Book of American Pastimes（1868 年）や，ベースボールを「野球」と訳した中馬 庚 氏による初の野球専門書『野球』（1897 年）などがある。各都道府県の高校野球連盟が発行する連盟史や各学校の野球部史など高校野球に関する資料も充実。このほ

か，1958年から2017年までのプロ野球公式記録（公式スコアカード）も図書室でしか見られない資料だ。

ウェブサイトでは，日本初の洋式スポーツ書 Outdoor Games（F. W. Strange 著，1883 年）や，1934年に行われた日米野球のパンフレット「日米大野球戦」（読売新聞社，1934年）などを公開している。

●高校野球に関する資料の一部

夏休み「自由研究」の強い味方！

野球についてのレファレンス質問も多い。たとえば，「ホームベースはなぜ五角形なのか」。こうした質問には，アメリカで出版された年鑑 Spalding's Official Base Ball Guide などでルールを追っていく。また，「むかし活躍した親戚の高校球児の写真や球歴を調べたい」という質問には，『全国高等学校野球選手権大会70年史』や『選抜高等学校野球大会50年史』などを使う。

夏休みには，図書室を中心に「野球で自由研究！」を開催。図書室のスタッフが，野球をテーマに自由研究をする子どもたちと話をしながら，資料探しなどのサポートをする。親子での野球観戦の前に訪れてほしい。

●大勢で賑わう「野球で自由研究！」

基本情報	
●住所	〒112-0004 東京都文京区後楽 1-3-61
●電話	03-3811-3600
●最寄駅	JR・地下鉄都営三田線水道橋駅，地下鉄後楽園駅
●開館時間	平日・土・日・祝日 10：00～18：00（3月～9月，10月～2月は17：00まで），入館は閉館時間の30分前まで
●休館日	月曜，その他要問合せ
●料金	有料（要 博物館入館料）
●URL	http://www.baseball-museum.or.jp
●サービス	閲覧，レファレンス，複写

展覧会のあとにぜひ立ち寄りたい
東京都美術館 美術情報室

●左：緑の木々に囲まれたレンガ色の東京都美術館
●右：シックなたたずまいの美術情報室
（写真はすべて © 東京都美術館）

作品やアーティスト情報が詰まる

　多くの美術館や博物館が立ち並ぶ上野の杜の一角に，レンガ色の東京都美術館がある。開館は1926年。2012年のリニューアルを機に，「アートへの入口」を使命として，誰もが気軽に訪問できる美術館を目指してきた。美術情報室はその1階に，小さいながらも居心地のよい書斎風の趣で設置されている。

　美術情報室は1976年，日本初の「美術館における本格的な公開制図書室」として開設された。開催中の展覧会の関連情報を求めて，「あの作品やアーティストのことを調べたい」「今見た作品の背景をもっと深く知りたい」という人が多く訪れる。美術館が絵画や書の公募団体の発表の場でもあることから，画家や作家の利用も多い。往年の画家や作品のモティーフについてなど，作品制作に関するレファレンス質問もしばしば受ける。

アート理解を助けるコレクション

　コレクションは，図書約8,300冊，雑誌約1,100誌。主に国内の美術館（東京都美術館を含む）や，博物館などで開催された展覧会・芸術祭のカタログ類は15,000点に及ぶ。優雅なデザインの椅子に座りながら，お気に入りの画家や書家の作品集と向き合えるのは，至福のひとときだ。

　このほか，美術情報室では東京都美術館の歴史を記録するアーカイブズ資料を保管。開館当時の建築図面や家具，写真や文書，ポスターやチラシなどを整理し，順次ウェブサイトで公開している（現物は原則非公開）。2014年からは，他の美術館や博物館などで制作されたセルフガイドの収集も始めた。セルフガ

イドとは，鑑賞のポイントなどをわかりやすくまとめたリーフレットのこと。小中学生向けと家族向けがある。総数約800点は他館に例を見ないコレクションとなっている。

コレクションは閉架が多いが，閉架の蔵書も16時30分までに申し込めば閲覧できる。なお，館外貸出はしていない。

●北欧デザイナーによる椅子。ラウンド型の背もたれが心地よい

アートラウンジでもレファレンスサービス

美術情報室に隣接して，誰でも無料で利用できる「佐藤慶太郎記念 アートラウンジ」がある。ラウンジの両側は一面のガラス張り。四季折々の風景を楽しみながら，ゆったりと展覧会を思い返したり，おしゃべりを楽しんだりできる。疲れた足を休めるのにも最適だ。ここにも司書が常駐し，展覧会や美術情報に関する質問に丁寧に回答し，利用者の学びを手助けしている。検索端末が設置され，開催中の展覧会を含む美術情報が収集できるのも嬉しい。

●佐藤慶太郎記念 アートラウンジ

基本情報

●住所	〒110-0007 東京都台東区上野公園 8-36
●電話	03-3823-6921
●最寄駅	JR・地下鉄・京成線上野駅
●開館時間	平日・土・日・祝日 10：00 ～ 17：00
●休館日	第1・第3月曜（祝日・振替休日の場合は翌日），整備休室の他，美術館に準ずる
●料金	無料
●URL	https://www.tobikan.jp/guide/artlibrary.html
●サービス	閲覧，レファレンス，複写

●MAP

葛飾北斎の魅力に迫る
すみだ北斎美術館 図書室

●図書室の外観。建物の斬新なデザインが光る

●『北斎漫画』第十二編より「雷乃怪我」（複製本）

文化・芸術 11

浮世絵ファンが集う場

　作者葛飾北斎の名は知らなくとも，赤い富士山の図「冨嶽三十六景 凱風快晴」を目にした人は多いことだろう。北斎は，現在の東京都墨田区で生まれ，90年の生涯のほとんどをその地で過ごした。すみだ北斎美術館は2016年，北斎を顕彰し，地域活性化の拠点とするために開設された。浮世絵を中心に約1,800点を収蔵。主な作品はウェブサイトで公開されている。

　図書室は美術館1階に設置。美術館を訪れた人をはじめ，浮世絵研究者，夏休みの宿題で北斎について調べる小中学生など，多くの人に利用されている。レファレンス質問は，「『北斎漫画』について，どんな図柄があるか知りたい」「北斎が描いた絵手本『新形小紋帳』の載っている本が見たい」など，北斎を中心に浮世絵に関するものが多い。浮世絵人気の高さがうかがえる。

稀少で貴重なコレクション群

　図書室では，北斎と浮世絵全般に関する資料を収集し公開している。蔵書は図書約9,800冊，雑誌は約500誌。このほか，展覧会図録や売立目録（うりたて）（入札や競りのために事前に配布される冊子目録）が計数千点。CD-ROMやDVDなどの視聴覚資料も所蔵している。資料は開架と閉架に分かれており，閉架の資料はオンライン閲覧目録（OPAC）で検索後，カウンターで閲覧申請を行う。

　コレクションには美術史家の旧蔵図書も多い。たとえば，ピーター・モースコレクションは，北斎の世界的なコレクターであったモース（Morse, Peter）氏の死後，北斎の作品と研究資料計約600点を墨田区が一括購入したもの。

研究者の眼で収集した稀少な作品が多数含まれている。楢崎宗重コレクションは、浮世絵研究の第一人者である氏が、墨田区に寄贈した資料群。浮世絵版画のみならず、古美術から近世・近代絵画までを含む。これら貴重なコレクションも、一般図書と同様に閲覧できるのは嬉しい。

●図書室を上から眺める

また図書室では「明治期浮世絵関連新聞記事データベース」を閲覧できる。明治期の新聞から、北斎と浮世絵に関連する記事や、浮世絵師の挿絵などを収集しデータベース化した。新聞名、出版年、フリーワードから検索できる。

企画展とコラボも

美術館では年に数回、企画展を開催している。「変幻自在！北斎のウォーターワールド」「Hokusai Beauty─華やぐ江戸の女たち」など、いずれも趣向を凝らした展示ばかり。図書室では展示に合わせて関連図書コーナーを設け、貴重書や複製本の展示を行っている。書架側面のパネルを北斎の作品で装飾することも。パネルを見ていると企画展に足を運びたくなるのも、北斎の魅力によるのかもしれない。なお、図書室の利用のみは無料。

●『絵本隅田川両岸一覧』を装飾した書架側面のパネル（企画展に合わせてパネル替えあり）

基本情報	
●住所	〒130-0014 東京都墨田区亀沢2-7-2
●電話	03-6658-8931
●最寄駅	JR・地下鉄都営大江戸線両国駅
●開館時間	平日・土・日・祝日 9：30 ～ 17：30
●休館日	月曜（祝日または振替休日の場合はその翌日）、蔵書点検日
●料金	無料
●URL	http://hokusai-museum.jp
●サービス	閲覧、レファレンス、複写

●MAP

伝統芸能をより深く理解するために
国立劇場 図書閲覧室

文化・芸術 12

● 左：図書閲覧室が入る伝統芸能情報館。国立劇場の
マスコット くろごちゃんと一緒に
● 右：検索端末が並ぶ図書閲覧室

伝統芸能にまつわる情報のやかた

　鎌倉から江戸期にかけて大成したわが国の代表的な古典演劇である能楽，文楽，そして歌舞伎。当時の庶民文化を牽引し，現在では高い芸術性が評価され，国の重要無形文化財に指定された。さらに，ユネスコの無形文化遺産にも登録されている。

　1966年，伝統芸能の保存・振興を図ることを目的に国立劇場が設立された。その後，大衆芸能，能楽，文楽，現代舞台芸術，琉球芸能などを上演する劇場が新たに設けられ，現在では日本芸術文化振興会が運営している。

　振興会では，伝統芸能に関する資料を，国立劇場，国立演芸場，国立能楽堂，国立文楽劇場の各図書閲覧室で収集・公開してきた。2003年，国立劇場と国立演芸場に隣接した伝統芸能情報館が開館し，館内に設けられた図書閲覧室で，国立劇場と国立演芸場の両方の図書が閲覧できるようになった。

観劇の前後に演目の知識を深める

　主な利用者は舞台関係者や研究者，そして観劇に来る人たち。図書閲覧室では，歌舞伎，文楽，能楽，舞踊，邦楽，民俗芸能，演芸など芸能に関する図書約28万冊，雑誌約3,400誌のほか，筋書や自主公演記録写真などを閲覧できる。また，鈴木十郎コレクションや曽我廼家五郎自筆台本など，歌舞伎や新派，

演芸といった伝統芸能に関するコレクションも所蔵。これらの資料の大半は，閉架であるため閲覧には手続きが必要だ。なお，貸出は行っていない。

「文化デジタルライブラリー」では，舞台芸術の魅力を紹介する教育用コンテンツ，各劇場の自主公演情報，そして錦絵やブロマイドなどの所蔵資料を公開。インターネットで誰でもアクセスできる。オンライン閲覧目録（OPAC）では，各劇場に新国立劇場の蔵書も含めた横断検索が可能だ。

●歌舞伎の英語図書と入門書を紹介するコーナー

読む・観る・聴くことで伝統芸能に親しむ

図書閲覧室が入る伝統芸能情報館では，レクチャー室において毎月1回，過去の公演記録映像を鑑賞する「公演記録鑑賞会」が開かれる。また，館内の情報展示室では，国立劇場が所蔵する資料を公開する企画展示を行い，それにちなんだ関連講座を開催することも。たとえば，多くの歌舞伎作品を書いた河竹黙阿弥の明治期の作品とそれを演じた役者たちを紹介した企画展示「黙阿弥の明治」を開き，合わせて「劇場から読み解く明治―新富座の時代」という関連講座を開催するといった具合だ。

伝統芸能情報館では，図書閲覧室での資料公開も含め，伝統芸能にまつわる幅広い情報を提供している。

●国立劇場の公演関係資料が並ぶ書架

基本情報		
●住所	〒102-8656 東京都千代田区隼町4-1	
●電話	03-3265-6300	
●最寄駅	地下鉄半蔵門線半蔵門駅，永田町駅	
●開館時間	平日・第2日曜 10:00～17:00・第3水曜 10:00～20:00	●MAP
●休館日	土・日（第2日曜を除く）・祝日，その他要問合せ	
●料金	無料	
●URL	https://www.ntj.jac.go.jp/tradition/lib.html	
●サービス	閲覧，レファレンス，複写	

25

演劇の杜へのお誘い
早稲田大学坪内博士記念
演劇博物館 図書室

文化・芸術 13

- 左：建物自体が一つの劇場資料となっている外観
- 右：坪内逍遙博士の像

演劇に関する古今東西の貴重資料を収集

　都の西北，早稲田大学の構内に，16世紀イギリスの「フォーチュン座」を模して造られた洋館がある。早稲田大学坪内博士記念演劇博物館だ。創設は1928年。坪内逍遙博士の古稀祝いと『シェークスピヤ全集』全巻の翻訳完成を記念して設立された。古今東西の演劇に関する貴重な資料を収集し，アジア唯一の，世界でも有数の演劇専門総合博物館として今日に至っている。収蔵品は100万点を超え，1987年には東京の新宿区有形文化財に指定された。

　図書室は博物館本館1階と，博物館手前の別館3階とに分かれて設置されている。本館1階では日本語の図書・雑誌・台本類を，別館3階では外国語資料・貴重書・視聴覚資料・映画館プログラムなどを収蔵。大学内の図書室だが，身分証（健康保険証や免許証など）があれば，誰でも無料で利用できる。

- 歴史を感じさせる閲覧室（2019年9月末リニューアルオープン予定）

総合芸術を後世に伝える

　コレクションの対象は，能・歌舞伎・文楽などの伝統芸能や近現代演劇はもちろんのこと，「演劇」を広義に捉え，舞踊・映画・民俗芸能・演芸も含む。

また、流通ルートに乗らない一般に入手困難な演劇・映画・テレビなどの台本、劇団の広報誌、劇場出版物なども収集。蔵書は図書約27万冊（うち外国語約40,000冊）、雑誌約5,300誌（同600誌）で、ビデオテープ・CD・DVDや映画写真も豊富。

●映画や歌舞伎に関する図書が並ぶ書架

資料は演劇・映画関係者から寄贈されたものも多く、台本には書き込みや関連のある資料が挟まれていることも。関係者の人柄や当時の様子がしのばれる。上演された歌舞伎や演劇のプログラムやチケットなども、寄贈を受けることが多い。演劇はさまざまな要素から成る総合芸術。図書室は関連資料を幅広く集めることで、演劇の全容を今に伝えている。

利用者は、学内の教職員・学生をはじめ、学外の研究者、一般の人、地域の中高生（演劇部）や劇団員など。ときには、大勢の劇団員が閲覧室の一角で次回作に必要と思われる台本や戯曲を読み込む姿も見られる。演劇分野のみならず、服飾や建築などさまざまな分野の人が訪れるのも特色だ。

さまざまなレファレンス質問に対応

レファレンス質問には、演劇や伝統芸能に関する多様な内容のものが寄せられる。「コラム執筆にあたり、演劇に関するある言葉の初出を知りたい」「江戸時代の歌舞伎小屋では、すでに船上や宙吊りでの上演が行われていたと聞くが、当時の様子がわかる資料を教えて」など。図書室では所蔵資料やさまざまなデータベースを用いて回答する。毎春にはシェイクスピア祭と逍遙祭が開かれる。訪問時には図書室にも足を運び、演劇の長い歴史と深い魅力に触れてほしい。

基本情報	
●住所	〒169-8050 東京都新宿区西早稲田 1-6-1
●電話	03-3204-3346
●最寄駅	地下鉄東西線早稲田駅
●開館時間	本館 平日・土・日 10：00 ～ 17：00、授業期間中の火・金のみ 10：00 ～ 19：00 別館 平日のみ 10：00 ～ 17：00
●休館日	要問合せ
●料金	無料
●URL	https://www.waseda.jp/enpaku/
●サービス	閲覧、レファレンス、複写

宝塚歌劇と阪急電鉄のことなら
阪急文化財団 池田文庫

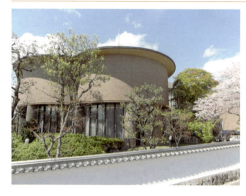

- 左：木々に囲まれた円筒形の趣のある外観
- 右：低層の書架と机が並ぶ白を基調とした閲覧室

文化・芸術 14

演劇の専門図書館

　池田文庫は、阪急や東宝の創業者で宝塚歌劇の創始者である小林一三（雅号 逸翁）氏が、1915年、娯楽場・宝塚新温泉に図書室を開設したことに始まる。宝塚文芸図書館を経て1949年、宝塚歌劇と阪急電鉄に関する資料を網羅的に収集する池田文庫を開館。2011年には逸翁美術館と合併し、阪急文化財団の施設の一つとなる。主な利用者は、宝塚歌劇、阪急電鉄や歌舞伎の研究者とファンだ。

充実したコレクションの数々

　図書約125,000冊（うち外国語約8,000冊）、雑誌約1,800誌を有する。主な資料は、阪急電鉄、宝塚歌劇、民俗芸能、歌舞伎に関するもの。このうち、宝塚歌劇の公演パンフレットや戦前の鉄道広告などは、産業近代化の過程を物語るものとして、2008年、経済産業省の「近代化産業遺産群 続33」に認定された。

　阪急電鉄関連では、前身の箕面有馬電気軌道株式会社のポスターや広報誌なども含め、100年を超える企業の歴史を伝える貴重な資料を所蔵。宝塚歌劇関連では、前身の宝塚少女歌劇団の第1回公演が行われた1914年から現在までのプログラムや、公演ポスター、図書、新聞スクラップ、原作などを網羅的に収集する。

- 製本された宝塚歌劇の機関誌『歌劇』

また，小林一三氏の蔵書約12,000冊の「逸翁文庫」や，長男の冨佐雄氏が収集した近代文学書などから成る「小林家文庫」といった多くの文庫もある。

雑誌記事索引をデータベース化

オンライン閲覧目録（OPAC）では，所蔵図書や雑誌に加えて，小林一三氏，阪急電鉄，宝塚歌劇に関する雑誌記事も検索できる。たとえば，「宝塚歌劇の芸名は百人一首から付けられたと聞いたが裏付けとなる資料はあるか」といったレファレンス質問には，OPACで検索対象を「雑誌記事索引」にし，フリーワードを「芸名」や「百人一首」として検索。結果，宝塚歌劇の機関誌『歌劇』に「百人一首の生徒名とスターの出現―「宝塚」今は昔物語（三）」（1927年1月，通号82号）といった記事をいくつか発見できる。

● 阪急電鉄の歴史を記録した社史

貴重な資料をデジタルアーカイブズでも

阪急文化アーカイブズでは，池田文庫で所蔵する「阪急・宝塚ポスター」「浮世絵・番付」「民俗芸能資料」に関する情報を検索でき，一部を除き画像も閲覧可能だ。たとえば，昭和初期のレトロなものから，タカラジェンヌたちの艶やかな写真で彩られた現代のものまで，宝塚ポスターの変遷を楽しめる。

● ウェブサイトからアクセス可能な「阪急文化アーカイブズ」

基本情報		
● 住所	〒563-0058 大阪府池田市栄本町12-1	
● 電話	072-751-3185	
● 最寄駅	阪急宝塚線池田駅	
● 開館時間	平日・土・日・祝日 10：00～17：00	● MAP
● 休館日	月（祝日・振替休日の場合は翌日），年末年始，特別整理期間	
● 料金	無料	
● URL	http://www.hankyu-bunka.or.jp/ikedabunko/	
● サービス	閲覧，レファレンス，複写	

映画への情熱があふれる空間
国立映画アーカイブ 図書室

● 左： 窓のかたちに特徴のある外観
● 右： ゆったりとした閲覧室。窓からは立地する東京・京橋の街並みを眺められる

2018年 東京国立近代美術館から独立

　国立映画アーカイブは，1952年，国立近代美術館が設置された際，映画事業（フィルム・ライブラリー）として発足。1970年に機能拡張に伴い，東京国立近代美術館フィルムセンターの名称で開館した。図書室がオープンしたのは1978年のこと。1995年にビルを新築し，図書室機能も充実。2018年，フィルムセンターは，美術館から独立し，現在に至っている。

　国内唯一の映画に関する国立の専門機関であるため，一般の映画ファンから映画研究者，映画製作関係者，そして文筆家や出版関係者に至るまで，さまざまな人たちが貴重な資料を求めて訪れる。

「映画を残す，映画を活かす。」

　このスローガンのもと，図書室では，映画に関する資料の網羅的収集と保存を目標とする。そのため，一般書や雑誌に限らず映画シナリオ，映画祭で発行されたカタログ，映画館で販売される映画パンフレットも揃う。蔵書は，図書約48,500冊（うち外国語約5,500冊），定期受入の雑誌約35誌。参考図書と『キネマ旬報』など雑誌のバックナンバー以外は閉架式のため，閲覧を希望する際には申請が必要となる。

　特徴的な資料には，映画評論家の荻昌弘氏や映画史家の御園京平氏などから寄贈されたコレクションや，戦前期に発行された映画雑誌のデジタル版がある。また，『実地応用 近世新奇術』（1897年）※といった貴重書も。当時，映画は「催

●左：製本された『キネマ旬報』のバックナンバー
●右：豊州散士編『実地応用 近世新奇術』（1897年）

眠術」「怪力新奇術」などと同等のものと紹介されていたことがわかる。閲覧室の検索用端末では、2種類の電子ジャーナルが利用可能だ。

映画にまつわる専門的なレファレンス質問にも対応

「チャップリン（Chaplin, Charles）が監督・脚本・主演を務めた映画『黄金狂時代』『街の灯』『モダン・タイムス』の日本初公開時のポスターが掲載されている資料をみたい」。こうしたレファレンス質問には、所蔵資料のなかから、『日本公開アメリカ映画総目録』を使って対応。加えて、雑誌コレクションから『みそのコレクション──映画資料』に掲載された日本初公開時のポスターを紹介する。

また、「日本初のモーター駆動式国産映写機「ローヤル」を製作した高密工業と、その創業者堀熊三郎氏について知りたい」との質問には、『シネマ100年技術物語』や『映画新報』（1951年9月上旬号）を紹介。同社の創業当時の様子や映写機の開発過程、本人が執筆した記事を確認できる。

映画アーカイブで上映される映画や、催される展示会を鑑賞したあとに、図書室に足を延ばして、さらなる知的好奇心を満足させたい。

基本情報	
●住所	〒104-0031 東京都中央区京橋3-7-6
●電話	03-5777-8600（ハローダイヤル）
●最寄駅	地下鉄銀座線京橋駅、地下鉄都営浅草線宝町駅、JR・地下鉄丸ノ内線東京駅
●開館時間	平日・土 12：30～18：30（入室は18：00まで）
●休館日	日・月・祝日、国立映画アーカイブ休館日、年末年始、特別整理期間
●料金	無料
●URL	https://www.nfaj.go.jp/visit/library/
●サービス	閲覧、レファレンス、複写、有料データベース・電子ジャーナル

※貴重書のため閲覧には国立美術館の特別観覧規則に沿った手続きが必要となります。

音楽ファンなら一度は訪れたい
民音音楽博物館 音楽ライブラリー

● 左：民音文化センター。2 階に博物館展示施設が，地下 1 階に音楽ライブラリーがある
● 右：開館時には多くの音楽愛好家で賑わう閲覧室

文化・芸術 16

心豊かになれる音楽空間

　民主音楽協会（民音）は，1974 年，創立 10 周年事業の一環として，音楽ライブラリーを中心とする民音音楽資料館（現 民音音楽博物館）を創設した。1997 年，現在地への移転を機に，展示部門を併設。歴史的に貴重な楽器も，実際に音色を聴けるのが特徴だ。2003 年には東京都より音楽専門の登録博物館として認可を受けた。

　ライブラリーは博物館の入る民音文化センターの地下 1 階にある。利用には利用カードが必要。主な利用者は，中高生，大学生，アマチュアの吹奏楽・管弦楽演奏者，研究者など。週 3 日の開館ではあるが，年間の利用者は 10,000 人に及ぶ。ユニークな形をした閲覧室の机は，いつも音楽を愛する人たちで賑わっている。

楽譜を中心に音楽資料であふれる

　ライブラリーにはクラシック音楽を中心に，さまざまな音楽資料が揃っている。図書は約 38,000 冊（うち外国語 7,500 冊）で，明治期から現在までに発行された音楽関係図書の約 7 割を所蔵する。雑誌は 55 誌，楽譜は 40,000 点。録音資料や映像資料も豊富で，音楽 CD は約 25,000 点，ビデオテープや DVD などは約 1,800 点に上る。これらはすべてオンライン閲覧目録（OPAC）や楽譜目録カードなどで探すことができる。OPAC には「こども用」も用意され，細やかな心配りが嬉しい。ライブラリーは閉架式であるため，検索後，閲覧・

貸出を希望する場合は、カウンターに申請する。

　特に人気があるのは楽譜。管弦楽・吹奏楽のパート譜を約9,000点所蔵。中高生から大学生、一般のアマチュアの演奏団体に貸し出され、広く利用されている。

●音楽関係の図書が並ぶ閉架書架

展示フロアとホールも魅力がいっぱい

　民音文化センターの2階は博物館の展示フロアで、4室で構成されている。このうち古典ピアノ室では、チェンバロをはじめ古典ピアノ9台が並ぶ。なかには1580〜1600年頃につくられたものも。1時間に1回約20分間、古典ピアノの実演が行われる。世界のお宝級のピアノの音色を直に聴けるとは、音楽ファン感動のひととき。また、企画展示室では収蔵資料をもとに企画展を開催。作曲家による自筆譜や、ベートーヴェン作曲「交響曲第5番」の初版譜など、楽譜の企画展は大いに好評を博した。なお、展示フロアの見学は無料。

　1階のホールでは、無料のミュージアム・コンサート（不定期）も開かれる。若手音楽家によるピアノ・リサイタルや声楽コンサートは、多くの人を魅了。ライブラリーの利用と合わせて、音楽の世界を楽しみたい。

●ベートーヴェン作曲「交響曲第5番」の初版譜（複製、1810年頃）

基本情報	
●住所	〒160-8588 東京都新宿区信濃町8
●電話	03-5362-3555
●最寄駅	JR信濃町駅
●開館時間	平日・土 11：00〜18：30
●休館日	月・水・金・日・祝日、その他要問合せ
●料金	無料　ただし登録制（要 登録料100円・必要書類）
●URL	http://museum.min-on.or.jp
●サービス	貸出、閲覧、レファレンス、複写

●MAP

装いの世界へ誘う
神戸ファッション美術館 ライブラリー

●左：近未来的な雰囲気が漂う外観
●右：広々としたライブラリーの閲覧室

ファッションをテーマにした日本初の公立美術館

　UFOをイメージさせるフォルムが印象的な神戸ファッション美術館。ファッション産業と文化振興を目的に，1997年，六甲アイランドに開館した。主なコレクションは，18世紀以降の西洋衣装や民族衣装とファッション写真。美術館のほか，セミナー室，ギャラリー，イベントホール，そしてライブラリーから成る複合施設だ。建物の円形部分は，ファッションショーやコンサートなど，さまざまな催しに対応できるホールとなっている。

海外のスタイルマガジンが充実

　ライブラリーは3階に位置する。所蔵資料は，図書約44,000冊，雑誌約1,000誌，視聴覚資料など。デザインの参考となるようなビジュアル資料を中心に収集。日本語の図書に限らず，ファッション，芸術，建築，インテリアに関する欧米の出版物も多数所蔵する。主な利用者は，ファッション系の学生，アパレル関係者やファッション関連の研究者。建築関係の洋書や洋雑誌が充実していることもあり，外国人の建築関係者の利用も多い。
　特に，国内外のファッション雑誌が充実。VOGUE, VisionaireやHARPER'S BAZAARなどのバックナンバーも所蔵している。

ファッションにまつわるコレクション

　ライブラリーには特徴的なコレクションが2つ。一つは，ファッション評論

家として著名な大内順子氏のコレクションだ。ファッションショーの招待状や報道用の発表資料，シャネルやディオールといったブランドのシーズンカタログなど約9,000点。ブランド数は1,000を超えるというから驚き。これらは，年代，国，ブランド別にリスト化されており，閲覧可能だ。

● 大内順子コレクションの一部

もう一つは，19世紀後半から20世紀初頭のフランスとイタリアを中心にした生地と図案の見本である「オールド・コレクション」。花やストライプなど柄ごとに分類され，現物の閲覧もできる。

● オールド・コレクションの一部。著作権フリーのためデザインソースとして活用できる

レファレンス質問にはビジュアル資料で対応

東京のファッション系の学生から，「学校の課題で18～19世紀の絵画に描かれているドレス1点を選び，同じ形のものを作りたい」とのこと。こうした質問には，展覧会カタログで当時の実物（色や柄）を，型紙が掲載された図書でドレスの形状を，それぞれ把握できることを紹介する。

また，建築を専門とする外国人の大学教員からは，「エッフェル塔の細部がわかる写真が見たい」との質問が。そこで，パリを撮った多数の写真集のなかでも，特にエッフェル塔が写っているものを紹介。このように，ピンポイントでビジュアル資料を求める利用者が多い。

基本情報	
● 住所	〒658-0032 兵庫県神戸市東灘区向洋町中2-9-1
● 電話	078-858-0050（代表）
● 最寄駅	六甲ライナーアイランドセンター駅，JR住吉駅，阪神本線魚崎駅
● 開館時間	平日・土・日・祝日 10：00～18：00
● 休館日	月曜（祝日の場合は翌平日），年末年始（12月29日～1月3日）
● 料金	無料
● URL	http://www.fashionmuseum.or.jp
● サービス	閲覧（閉架資料は要身分証明書かライブラリーカード），レファレンス，複写

● MAP

化粧文化の歴史を魅せる
ポーラ化粧文化情報センター

● 左：すっきりとしたたたずまいの入口
● 右：閲覧机をはさんで書架が並ぶ

化粧文化の情報サロン

　「お化粧っていつ頃始まったの？」「昔の口紅はどんなもの？」若い女性ならずとも、そんな疑問を持つ人は少なくないはず。ポーラ文化研究所では、1976年の設立以来、そうした疑問に答えるために、古今東西の化粧にまつわる幅広い研究を行ってきた。2005年に、公開施設としてオープンしたのが化粧文化情報センターだ。現在は週1日の開館ではあるが、気軽にアクセスできる施設を目指し、さまざまな活動を行っている。蔵書の公開をはじめ、化粧文化に関連した新聞や雑誌のスクラップとファイリング、江戸期の女性たちの美に対する想いの紹介、お歯黒水の仕込み体験など、まさに化粧文化の情報サロンとなっている。

キーワードは「化粧・女性・美意識」

　蔵書は約15,000冊。内容は、化粧の歴史、美容法、化粧品、化粧道具、髪型、ファッション、風俗、美人観など。そのうち化粧文化についての基本図書3,000冊を開架している。1979年から化粧に関する現代人の意識調査を実施。調査レポートは、情報センターでの閲覧に加え、ウェブサイトでも公開中だ。化粧文化を網羅するという観点から、他の化粧品会社の資料も収集しており、社史・業界史は100冊に上る。特にイギリスの髪型研究家コックス（Cox, J. S.）氏の旧蔵図書を中心とした「コックス・コレクション」は、17〜20世紀のヨーロッパのヘア・モードを美しい図版とともに伝え、見ているだけで楽しい。

昔の化粧品や化粧道具の企画展示も

「歴史のなかのよそおい」として年に数回，気軽に楽しめるミニ展示を行っている。たとえば，「香りのエスプリを伝えるアンティーク香水瓶」や「江戸の化粧―白・黒・赤の粧い」など。いずれも実際に使われた道具を展示。江戸時代に携帯用の紅容器として登場した紅板は，次第に素材や形が多彩になり装飾性が増してきたとのこと。美を演出する器にも見惚れる。

「江戸時代の化粧法，髪型は？」

例年，レファレンス質問の上位にランクインする項目だ。回答は資料の探し方から最適な文献の案内，ときには髪型模型（結髪雛型）のような実物資料の紹介までときめ細かい。そのほか「眉メークと景気の関係」「大正後期に出現したモガの服装と化粧法」も，しばしば質問を受ける。

社外の主な利用者は化粧や美容，装いに関心のある人たちだ。なかにはレポートや卒業論文をまとめる学生や，時代考証のためのテレビ・映画・演劇の関係者ら。情報センターは学生やマスコミ業界にとって，今やマストな存在になっている。

● 化粧文化についての基本図書が並ぶ書架

● 江戸時代の美容指南書『都風俗化粧伝』（佐山半七丸［著］，速水春暁齋画図，1813 年）化粧法から身のこなし方まで記されている

基本情報

●住所	〒141-0031 東京都品川区西五反田 2-2-10 ポーラ第 2 五反田ビル 1F
●電話	03-3494-7250
●最寄駅	JR・地下鉄都営浅草線・東急池上線五反田駅
●開館時間	平日水曜のみ 10：30 〜 17：00
●休館日	月・火・木・金・土・日・祝日，その他要問合せ
●料金	無料
●URL	https://cosmetic-culture.po-holdings.co.jp
●サービス	閲覧，レファレンス

● MAP

「食」にまつわる資料の宝庫
味の素食の文化センター
食の文化ライブラリー

● 左：利用者の目に留まりやすいように工夫された入口の扉
● 右：閲覧室に並ぶ書架。側面に展示スペースも

「食文化」の研究と普及をサポート

　味の素株式会社は，1979年，創立70周年を機に，社会貢献活動に取り組むことを決定。準備期間を経て1989年，東京・京橋の本社に「味の素食の文化センター」を設立した。センターは，食文化に関する研究支援と普及啓発を目的に事業活動を行う。会員制の研究討論会「食の文化フォーラム」と，フォーラムの成果を中心とした公開シンポジウムの開催，食文化誌『vesta』の発行，そして「食の文化ライブラリー」の運営などだ。

　ライブラリーは，1991年にセンター内にオープンした。その後，2004年に味の素グループ高輪研修センター内に移転し現在に至る。主な利用者は，食品製造・加工や給食・外食業者，栄養士，料理人など食関連の仕事に携わる人たち，マスコミ，研究者や学生，一般の人たちだ。

充実した数々のコレクション

　蔵書は食文化を主題とする図書約38,000冊，雑誌約110誌，視聴覚資料約370点。大半は開架で，図書館独自の方法で分類されている。食文化一般，食材，食生活などに雑誌といった資料種別を加えて13区分され，さらに123に細分類されている。「食」の専門図書館ならではのこだわりを感じさせる。

● 3代目歌川豊国「浮世五色合 赤」1844（弘化元）年。女性が鮪などの赤身魚の刺身を皿に並べている

貴重資料も充実。江戸期から昭和30年代までに刊行された料理書を中心に、古典籍、絶版雑誌、食にまつわる錦絵など。天皇の料理番 秋山徳蔵氏のメニューカード・コレクションや、家庭料理専門誌『料理の友』は、貴重な資料群の一つ。こうした貴重なコレクションの一部は、ライブラリーのウェブサイトでも公開されている。

●月刊誌『料理の友』。ウェブサイトでは表紙、目次が閲覧可能

「食」に関するレファレンス質問のあれこれ

「大正時代のお菓子を調べたい」「明治期以降に全国に広がったとされるすき焼きに詳しい図書を紹介してほしい」といった過去の「食」についての質問も少なくない。ときには、バラエティー番組の制作担当者が、「食」にまつわるクイズの答えの根拠となる資料を探しに来ることも。「食」をテーマとしたライブラリーならではのエピソードだ。

「食文化展示室」では所蔵資料の展示も

ライブラリーの2階には、所蔵資料の錦絵、映像、資料拡大パネル、再現料理のレプリカなどを使った展示室がある。2018年7月に常設展「日本の食文化」をリニューアル。過去から現代まで継承される日本の食文化の一端を見学できる。ライブラリーを訪れた際に、ぜひ立ち寄りたい。

●食文化展示室 常設展「日本の食文化」

基本情報	
●住所	〒108-0074 東京都港区高輪 3-13-65 味の素グループ高輪研修センター内
●電話	03-5488-7319
●最寄駅	地下鉄都営浅草線高輪台駅、JR品川駅・五反田駅
●開館時間	平日・土 10:00～17:00
●休館日	日・祝日、年末年始、特別整理期間、その他要問合せ
●料金	無料
●URL	https://www.syokubunka.or.jp/
●サービス	貸出（要 登録料100円）、閲覧、レファレンス、複写

住生活の向上に役立つ
住総研 図書室

●左：図書室の閲覧机と書架
●右：研究者エッセンス文庫

住宅の建設・普及から総合的研究へ

　住総研は，1948年，当時の清水建設株式会社社長であった清水康雄氏によって設立された新住宅普及会を起源に持つ。設立当時は，戦後の窮迫した住宅問題の解決を目的としていたが，社会状況の変化に伴い，現在では住まいに関する総合的研究や，その成果の社会還元によって住生活の向上に役立つ活動を行っている。

　図書室は1984年に開設。現在では住まいに関する多彩な情報を幅広く扱う。利用者は建築や都市計画に携わる研究者や学生のほか，こうした分野に関心を持つ一般の人たちだ。

「住」をキーワードに専門書，学位論文から絵本まで

　図書室では，住関連の研究や活動の参考となる図書20,000冊強，雑誌約100誌などを所蔵する。特徴的なコレクションには，建築経済分野の確立と発展に貢献した巽和夫氏ら著名な研究者の業績をコンパクトにまとめて収蔵・公開する「研究者エッセンス文庫」がある。また，ウェブサイト上に構築された「住総研アーカイブ」では，住総研が刊行する研究論文集などをタイトルや著者などで検索して本文を参照できる。このほか，自然災害の関連資料を網羅した「震災・災害コーナー」では，被災地の住宅・マンションに関する資料などを提供している。

　住まいに関わるレファレンス質問の一例を紹介しよう。「1970年代前半の首

都圏の公団住宅の間取りが見たい」。こうした質問には，図書室所蔵の『日本住宅公団20年史』や『住宅都市整備公団史』といった団体史を使って対応する。これらの資料には，1960年代〜90年代までの間取りが掲載されている。専門誌には団地の外観の掲載はあるが，間取りはないようだ。

●「マンション」がテーマの住まいの本展

イベント開催で図書室をアピール

図書室では，夏休み期間にイベントを開催している。毎年，民家，住環境，マンションなど異なったテーマを設定し，それに則した資料とパネルを展示する「住まいの本展」と，小学生を対象とした「こども図工教室」だ。展示では図書室で所蔵する資料を活用する。

図工教室では，たとえば，子どもたちは割箸やストローなど身近にある材料を使用して「住みたい家」をつくる。つくった作品は持ち帰りできるので夏休みの自由研究にもなり，子どもたちには好評だ。

●こども図工教室の作品例

こうしたイベントは，多くの人たちに図書室を知ってもらう機会となり，訪問を促すことにもつながっている。

基本情報	
●住所	〒103-0027 東京都中央区日本橋 3-12-2 朝日ビルヂング 2F
●電話	03-3275-3078
●最寄駅	地下鉄都営浅草線宝町駅，地下鉄日本橋駅，地下鉄日比谷線八丁堀駅，JR・地下鉄丸ノ内線東京駅
●開館時間	平日 9：00 〜 16：00（12：00 〜 13：00 閉館）
●休館日	土・日・祝日，その他要問合せ
●料金	無料
●URL	http://www.jusoken.or.jp/library/index.html
●サービス	閲覧，レファレンス，複写

●MAP

観光文化の発展を目指して
日本交通公社 旅の図書館

● 左：植え込みと調和した旅の図書館入口
● 右：落ち着いた雰囲気のライブラリープラザ

旅行と観光がメインテーマ

　1912年，ジャパン・ツーリスト・ビューローとして誕生した日本交通公社。戦後，現名称に改称。1963年，営業部門（現 株式会社JTB）を分離し，以後，公益財団法人として観光文化の振興のため，調査研究の実施，研究成果の発信，そして「旅の図書館」の運営などに取り組む。

　旅の図書館は，1978年，「テーマのある旅を応援する図書館」として開設。1999年に観光文化資料館から現名称になった。2016年，現在地への移転を機に，「観光の研究と実務に役立つ図書館」としてリニューアルオープン。

　主な利用者は，観光を学んでいる学生や研究している大学教員，観光政策の立案や観光産業に携わる実務者，広く観光に興味を持つ人や旅行の下調べをしたい人などだ。

充実したコレクションの数々

　蔵書は，観光と旅行に関する専門書，雑誌，統計資料のほか，ガイドブック，時刻表，機内誌，財団の刊行物など約60,000冊。これらの資料は1階と地下1階に排架。日本十進分類法の長所を活かしながら，特に観光に関わる研究資料や財団のコレクションは，図書館独自の方法で分類している。

　特徴的なコレクションには，ジャパン・ツーリスト・

● 雑誌『ツーリスト』（ジャパン・ツーリスト・ビューロー発行）創刊号（1913年）

ビューローの生みの親である木下淑夫氏の蔵書をもとにした「木下文庫」がある。このほか、同社の雑誌『ツーリスト』と、日本で最も長く続いた旅行雑誌『旅』の2誌は創刊号から所蔵。館内の専用端末で閲覧可能だ。

利用者からの「外国人の訪日旅行に対する意識を把握できる資料はあるか」といったレファレンス質問にも、所蔵する政府機関や財団が実施した調査報告書などを使って対応する。

●所蔵する航空会社の機内誌

観光研究・情報のプラットフォームとして

地下1階のメインライブラリーでは、観光に関する研究や実務に携わる人たちが集い、気軽に交流できる場として「たびとしょCafe」を開催。旬なテーマについて、ゲストスピーカーが話題を提供したあと、参加者も含めて意見交換を行う。これまで、観光とアート、寺社旅、農産物直売所、オリンピックといったテーマを取り上げてきた。財団の研究員との連携企画も。

また、訪問者が情報と出会える場として、古書展示ギャラリー、展示ウォールなどで定期的に図書の展示も行っている。たとえば、日本の観光行政の歩みに関する図書や、機関誌「観光文化」の特集テーマに合わせた関連図書の展示などだ。このように、図書館では、研究部門と図書館が持つ知的資源やネットワークを、多くの人たちと共有する新たな試みを進めている。

基本情報	
●住所	〒107-0062 東京都港区南青山2-7-29 日本交通公社ビル
●電話	03-5770-8380
●最寄駅	地下鉄青山一丁目駅
●開館時間	平日10：30～17：00
●休館日	土・日・祝日、毎月第4水曜、年末年始、その他臨時休館あり
●料金	無料（地下1階利用には要身分証明書）
●URL	http://www.jtb.or.jp/library/
●サービス	閲覧、レファレンス、複写

カメラと写真の発展史を資料で伝える
日本カメラ博物館 JCII ライブラリー

● 左：閲覧室の様子がうかがえるライブラリー入口
● 右：OPACと『アサヒカメラ』『日本カメラ』などのバックナンバーが並ぶ書架

カメラと写真のことなら

　日本カメラ博物館を運営する日本カメラ財団（JCII）。1954年，戦後の輸出振興策のなかで，法律に基づく日本製カメラの輸出検査機関として誕生した。1989年，法による輸出検査の対象からカメラが外れたことに伴い，カメラ・写真研究の一助となるよう，日本カメラ博物館を設立。1991年にはフォトサロンとライブラリーを開設した。この間，財団は数度の名称変更を経て1999年，現名称となった。

　ライブラリーは，博物館に附設するカメラと写真の専門図書館だ。主な利用者は，カメラや写真の愛好家，編集者，研究者，学生，そしてカメラメーカーの人たち。カメラや写真に関する資料を収集する図書館は少ないため，数日続けて訪問する人も多いという。

広範な分野・年代の資料を収集

　図書約43,500冊（うち外国語約6,500冊），雑誌約1,350誌（同約400誌）を所蔵する。扱う分野は，関連法規，統計資料，撮影技法，カメラ・写真史，写真集など。特に，日本の主要な写真雑誌は欠号が少なく，現物で閲覧できるのが特徴となっている。資料の大半は閉架であるため，オンライン閲覧目録（OPAC）で所蔵を確認した

● 創刊号からすべて揃う雑誌

あと閲覧手続きを行う。『アサヒカメラ』『日本カメラ』などの主要な写真雑誌は，OPACに目次情報も入力されているので，記事の検索もできて便利だ。

また，写真家の名取洋之助氏が携わったグラフ誌などを集めた「名取文庫」や，小沢健志氏が収集した幕末から明治期にかけての写真関連資料のコレクションである「小沢文庫」など，貴重なコレクション（通常は非公開）も揃う。

個人で所有するカメラについてのレファレンス質問も

「交換レンズ『ズノー50ミリF1.1』がレンズ単体ではなく，他社製ボディとセットで発売されていたと聞いたが，それを裏付ける資料はないか」。こうした質問は，写真雑誌の記事からは探せないと判断し，発売当時の写真雑誌の広告に注目し，カメラ専門誌『PHOTO35』を調査し回答する。レファレンスサービスには，長年にわたり培われた知識と経験が生きる。

ライブラリーでは，2001年から所蔵資料を用いた展覧会を随時実施。これまで，「写真雑誌の軌跡」や，「『写真工業』と日本製カメラの半世紀」などを開催してきた。会期を調べて，ライブラリーを訪れてみてはどうだろう。

●新刊雑誌架と閲覧机

●収蔵資料展「『写真工業』と日本製カメラの半世紀」（2017年度）

基本情報	
●住所	〒102-0082 東京都千代田区一番町25 JCIIビル
●電話	03-3263-7111
●最寄駅	地下鉄半蔵門線半蔵門駅
●開館時間	平日10：00〜17：00（出納時間10：00〜16：30）
●休館日	土・日・祝日
●料金	無料
●URL	http://www.jcii-cameramuseum.jp
●サービス	閲覧，レファレンス，複写

子どもと本の幸せな出会いを求めて
東京子ども図書館

● 左：蔦の絡まるレンガ造りの外観
● 右：児童書と児童文学研究書が所狭しと並ぶ資料室（写真は © 池田マサカズ）

子どもの本と読書を専門とする図書館

　宿題や感想文のためにではなく，楽しみながら本が読めたら―。そして，周りに子どもの成長に寄り添い，同じように本を楽しむ大人がいたら―。こんな想いを受け止めてオープンした図書館がある。閑静な住宅街にある東京子ども図書館だ。図書館は，1950年代から60年代にかけて都内4ヵ所で始められた家庭文庫を母体として，1974年に設立された。利用対象別に資料室が地下に，児童室が1階にある。このほか出版，講演・講座の開催，人材育成など，さまざまな活動を行っている。

子どもと本をつなぐ大人のための資料室

　児童書や児童図書館サービスに関心のある，原則18歳以上の大人向けに公開している。内外の児童図書や，児童文学関係の研究書など約19,000冊（うち外国語4,300冊）を所蔵。子どもの本と読書についての調べものに大いに役立つ。カーネギー賞，ニューベリー賞など，海外の児童文学賞受賞作品（原書）も収集。イギリスの先駆的児童図書館員アイリーン・コルウェル（Colwell, E.）氏か

● アイリーン・コルウェル・コレクション。中央にコルウェル氏の写真が飾られている

ら寄贈された約90冊のコレクションもある。氏自身の書き込みも見られ，子どもの本のために心血を注いだ姿がうかがえる。主な利用者は，図書館が開催するお話の講習会や各種講座の受講生，ボランティアで読み聞かせをしている人など。国内をはじめ，海外からの見学者も多い。

●親しみやすい雰囲気の児童室

子どもが本と出会える児童室

　長い年月をかけて選りすぐった絵本，物語，昔話，詩，ノンフィクションなど，その数約8,000冊。利用対象は高校生まで。小規模館ならではの親しみやすい雰囲気と，文庫活動から引き継いだきめ細かなサービスが息づいている。室内には，一人ひとりの子どもへの読み聞かせや，本を紹介する声が柔らかく響く。

　同じフロアの「おはなしのへや」は，「おはなしのじかん」に使われる。「おはなしのじかん」では，年齢別に子どもたちにお話を語ったり，絵本を読んだりする。児童室の会員登録は3歳から。どの子どもも親から離れ，真剣に聞き入っている。本と出会う幸せなひとときだ。

2階にはブックショップも

　開館当初から刊行されてきた手のひらサイズのお話集『おはなしのろうそく』。関係者の圧倒的支持を受け，これまで30巻以上が刊行された。2階のブックショップでは，これら図書館刊行の出版物を販売している。児童図書館基本蔵書目録の『絵本の庭へ』（2012年）や『物語の森へ』（2017年）も揃う。このほかハガキやバッジなど，可愛いグッズも見つかるかもしれない。

基本情報		
●住所	〒165-0023 東京都中野区江原町1-19-10	
●電話	03-3565-7711	
●最寄駅	地下鉄都営大江戸線新江古田駅，西武池袋線東長崎駅	
●開館時間	平日：資料室10:00～17:00，児童室13:00～17:00	●MAP
	土：資料室10:00～19:00，児童室10:30～17:00	
●休館日	月・木・日・祝日	
●料金	無料（資料室の貸出は要登録料1,000円）	
●URL	http://www.tcl.or.jp	
●サービス	貸出，閲覧，レファレンス，複写	

社会 24

今を生きる女性によりそう
大阪府立男女共同参画・青少年センター（ドーンセンター）情報ライブラリー

●左：情報ライブラリーが入るドーンセンター。ガラスの円柱棟が目印
●右：書架が連なる閲覧室

女性に関する情報を収集

　「ドーンセンター」。夜明けを意味する英語「DAWN」と、「ドーンといこう」という大阪の女性たちの心意気が込められている。1994年に開館した大阪府立女性総合センター（現 大阪府立男女共同参画・青少年センター）に公募で付けられた愛称だ。情報ライブラリーはそのなかに、女性を巡る問題の解決と女性の社会参画に必要な情報の収集と提供を目的として設置された。

　ライブラリーは、性別・年齢に関わりなく誰でも利用でき、女性に関する情報を扱うという専門性と、広く一般に公開し誰でも利用できるという公共性の両方を合わせ持つ。手に取りやすい一般書から、専門的な資料や各種のデータ集まで、さまざまな資料が揃っている点が特徴だ。

男女共同参画社会の実現をバックアップ

　コレクションは、女性学やジェンダー論といった学術研究分野のみならず、家族・家庭、職場や働き方、学校、教育、福祉などあらゆる分野に広がる。蔵書は図書約45,000冊、雑誌約1,700誌、行政資料14,000冊余り。全国の行政情報誌や女性団体の活動を記録したミニコミ誌や報告書など、一般の出版流通ルートに乗らない資料も揃う。

　なかでも、「日本ウーマン・リブ史原資料」は、『資料 日本ウーマン・リブ史』（全3巻、1992-95年刊）を発行するにあたって収集されたビラ・ミニコミ誌・ポスター・写真等の原資料。当時の女性たちの熱い息吹を今に伝える貴重な資料だ。

●左：企画展示「女性の労働と貧困問題」
●右：「まちライブラリーブックフェスタ in 関西」の案内

企画展示やイベントも充実

　女性問題や男女共同参画についての意識啓発を目的に企画展示を実施している。また，その時々のトピックスに合わせてミニコーナーを設置して資料を紹介することも多い。ドーンセンター内の女性就労支援コーナーと連携して，キャリアカウンセリングの実施も。2017年からはイベント「まちライブラリーブックフェスタ in 関西」に参加。スタンプラリーなどを通して，本と出会うきっかけづくりに努めている。

悩み解決のヒントになる資料・情報を提供

　ライブラリーへの問合せは「情報相談」として受け付け，調べものや資料探しのサポートをしている。「デートDVの教材を探している」「自分らしい生き方のヒントになる本を読みたい」などの質問に，所蔵資料や相談窓口などの情報をコーディネートして提供する。質問のなかには，女性の生き方や，抱えている悩みに関わるものもある。ライブラリーでは情報を求めた背景にある問題に配慮しつつ，その人自身が一歩踏み出そうとした時に役立つ資料・情報の提供を心がけている。

基本情報	
●住所	〒540-0008 大阪府大阪市中央区大手前1-3-49
●電話	06-6910-8616
●最寄駅	地下鉄谷町線天満橋駅，JR大阪城北詰駅
●開館時間	平日・土 9：30〜21：30，日・祝日 9：30〜17：00
●休館日	祝日・振替休日を除く月曜，毎月最終火曜，特別整理期間，年末年始，その他要問合せ
●料金	無料
●URL	http://www.dawncenter.jp
●サービス	貸出，閲覧，レファレンス

● MAP

社会 25

女性の可能性を拓く
国立女性教育会館 女性教育情報センター

- 左：広い敷地にゆったりと建つ会館
- 右：間口が広く機能的な女性教育情報センターの入口

女性の活躍推進を支える情報空間

　国連が，女性の地位向上を目指して国際婦人年を設けたのは1975年。国内では，1977年に国立婦人教育会館（現 国立女性教育会館）が開館した。2年後に附設されたのが，現在の女性教育情報センターだ。男女共同参画を推進し，女性・家庭・家族に関する資料の収集・提供を目的とする。

　情報センター入口前には，昭和期に女性の自立と発展を目指した，棚町知彌氏（国文学研究資料館名誉教授）のコレクションの展示がある。利用者は主に女性教育・女性史等の研究者，女性団体のメンバー，学生だが，近隣の一般の人も訪れる。利用登録をすれば誰でも貸出サービスを受けられる。情報センターは，女性の可能性を拓き，男女共に能力を発揮できる社会を考える大切な情報空間となっている。

「女性」にかかわるコレクションとイベント

　コレクションの中心は，女性学・女性史，伝記，女子教育，女子労働など。明治・大正期の雑誌の復刻版や国際会議資料もある。蔵書は図書約137,000冊（うち外国語25,000冊），雑誌は約4,000誌（同800誌），新聞の切り抜きは45万点以上。すべて文献情報データベースで検索できる。情報センターの特徴は，これらに加えて，商業ルートに乗らない入手困難な資料を多数所蔵していること。個人・女性団体の刊行物やミニコミ誌，女性政策に関する政府・地方公共団体の行政資料や広報誌など幅広い。各地の男女共同参画センターが作成したチラシやパンフレットもある。各種データベースや電子ジャーナルも揃い，女

性をめぐる問題を調べるうえで，まさに"充実の品ぞろえ"だ。

イベントも盛りだくさんだ。このあとに紹介する女性アーカイブセンターの企画展示に連動して，講談，講演会，映画上映会を開催。企画展示「宇宙をめざす」の連動イベントでは，向井万起男氏の講演会を開催し，盛況だった。

●タイトルの五十音順に並ぶ雑誌

女性アーカイブセンターのデジタルアーカイブシステム

情報センターの附属施設として，女性アーカイブセンターがある。ここでは，女性教育や男女共同参画の施策などに関わった女性や女性団体の史・資料を収集し保存している。静岡県稲取町の「稲取実験婦人学級」（1954年～56年）の主婦の声（記録）をはじめ，多数を所蔵。主婦連を創設した奥むめお氏のコレクションは，手書きノート，新聞記事，写真，音声，動画など約1,000点に及ぶ。これら所蔵資料の目録情報と一部のデジタル画像は，「女性デジタルアーカイブシステム」で提供されている。人の歩みを記録として蓄積することの大切さを，改めて思い知らされる。なお，女性アーカイブセンターは閉架であるため，閲覧希望の場合は事前連絡を。

●専用の資料保存箱から出して貴重資料を閲覧する

基本情報	
●住所	〒355-0292 埼玉県比企郡嵐山町菅谷728番地
●電話	0493-62-6195
●最寄駅	東武東上線武蔵嵐山駅
●開館時間	平日・土・日・祝日9：00～17：00
●休館日	会館休館日，年末年始
●料金	無料
●URL	https://www.nwec.jp/facility/center.html
●サービス	貸出，閲覧，レファレンス，複写，有料データベース・電子ジャーナル

●MAP

社会 26

女性雑誌と古典籍・古文書が充実
石川武美記念図書館

●左：石川武美記念図書館の入口
●右：近代女性雑誌ライブラリーの書架

女性専用図書館から専門図書館へ

　女性誌『主婦の友』（1917年創刊）の発行元である主婦の友社を創業した石川武美氏。氏は，出版事業とともに女性の社会的地位向上と家庭の幸福を願う理念のもと，1947年，女性専用の私立図書館「お茶の水図書館」を設立した。開館から56年を経た2003年，男性利用者にも門戸を開く。2013年，組織変更により，現名称になった。図書館は，「近代女性雑誌ライブラリー」と「成簣堂文庫」の2部門から成る。

女性誌の宝庫 ── 近代女性雑誌ライブラリー

　近現代の日本の女性雑誌を蔵書の核としながら，「生活・実用」をテーマとした図書を補完資料として位置付け，収集・提供する。蔵書は，図書約20,000冊，雑誌約1,340誌（うち外国語約30誌）。近年は，雑誌のバックナンバーの欠号を集中的に収集し，原資料を所蔵する図書館としても注目されている。

　また，貴重なコレクションである『主婦の友』を人名・団体名，商品名から検索できるCD-ROM「『主婦の友』検索システム大正編」を作成。さらに，『主婦の友』の表紙絵と付録のファイル，『主婦の友』を含めた女性雑誌の目次コピーファイルなども提供する。

　利用者の大半は国内外から訪れる研究者と大学院生など。なかには，戦後から1980年代頃までの女性雑誌に掲載された自身や家族の写真，投稿記事などを探しに来る人も。

● 左：三十六歌仙（嵯峨本）（1600年前後［慶長頃］）
● 右：鳩摩羅什訳『維摩経 巻中 不思議品第六』（8世紀［奈良時代］）

徳富蘇峰の旧蔵書 —— 成簣堂文庫

　蔵書は，石川武美氏と親交のあった徳富蘇峰氏から1940年に一括購入。徳富氏はジャーナリスト，歴史家，言論家として活動するかたわら，明治30年代から約半世紀にわたり，精力的に古典籍・古文書を収集した。蔵書数は約10万点冊に及ぶ。なお，閲覧は予約制となっている。

「大正期以降の日本女性の髪型の変遷がわかる資料は…」

　こうした雑誌ライブラリーへのレファレンス質問には，先に記した『主婦の友』の「表紙絵ファイル」や，大正期の女性雑誌の「目次コピーファイル」を活用する。このような元の雑誌を編集・加工した資料の提供は，専門図書館ならではのサービスの一つと言える。

　また，所蔵資料をもとに「作り手からみた女性誌の役割」などの講演会やセミナー，「平成によみがえる万葉絵歌留多の世界」といった企画展も随時開催。機会を見つけてこうした文化催事にも参加してみたい。

基本情報	
● 住所	〒101-0062 東京都千代田区神田駿河台2-9
● 電話	03-3294-2266
● 最寄駅	JR・地下鉄丸ノ内線御茶ノ水駅
● 開館時間	近代女性雑誌ライブラリー 10：00〜17：00（入館は16：30まで） 成簣堂文庫 9：30〜16：45（要事前予約）
● 休館日	第1月・木・日・祝日・年末年始，その他要問合せ
● 入館料	有料
● URL	http://www.ochato.or.jp
● サービス	近代女性雑誌ライブラリー：貸出（図書のみ），閲覧，レファレンス，複写　成簣堂文庫：閲覧

社会 27

雑誌記事から世相を読み解く
大宅壮一文庫

●左：大宅壮一文庫全景
●右：再現された大宅壮一氏の書斎

わが国初の雑誌図書館

「一億総白痴化」「クチコミ」「恐妻」など，多くの造語を生み出したことでも知られる評論家の大宅壮一氏。生前，評論活動のかたわら，執筆に必要となる資料の収集と整理に尽力し，古本市や古書店にも通い，約20万冊の蔵書を有していた。氏は，雑誌を中心としたこれらのコレクションを「雑草文庫」と称し，知人に惜しみなく開放していたという。

大宅氏没後の1971年，マスコミをはじめとする各界の援助によって，氏のコレクションを引き継いだ大宅壮一文庫が設立された。大宅文庫は，氏の遺志を尊重し，広く一般に公開されている。館内には氏の書斎を再現したコーナーも。開館以来，わが国唯一の雑誌図書館として社会に寄与してきた実績が評価され，1982年には第30回菊池寛賞を受賞した。

独自の索引システムにより雑誌の中身を「引ける」

蔵書は図書約73,000冊，雑誌約10,000誌（約79万冊）。特筆すべきは，1875年創刊の『會舘雑誌』など約7,000誌の創刊号コレクション。雑誌の種類と冊数では他館の追従を許さない。

大宅文庫では，所蔵する一般雑誌，週刊誌，女性誌，写真誌などを対象に，人名索引（約

●閲覧室で雑誌を読む利用者

15万人）と件名索引（約 7,000 項目）から成る「大宅式分類法」を用いて記事索引を作成。この分類を用いることで，膨大な雑誌のなかから必要とする記事を，まるで辞書を「引く」ように探し出せる。現在，この記事索引（約 539 万件）は，有料のオンラインデータベース（Web OYA-bunko）として提供されている。

●閉架書庫に排架された雑誌の数々

ネット検索では得られない貴重な資料の宝庫

「日本で烏龍茶が普及したのはピンクレディーが飲んでいるとテレビで発言したのが発端だという記事を探したい」といったレファレンス質問も。こうした質問には，Web OYA-bunko の件名索引を駆使して検索。かつて，評論家の立花隆氏が大宅文庫の資料を使い，『文藝春秋』（1974 年 11 月号）に「田中角栄研究─その金脈と人脈」を発表した。世間を揺るがす著作の発表によって，大宅文庫の存在が世に知れわたることに。当時，この記事が田中角栄首相退陣のきっかけになったとされた。

今日，ネット検索の普及によって，大宅文庫の利用者は大幅に減少し，財政危機に直面している。この状況を打開するべく，資金の寄付を呼びかけ，大宅文庫ノンフィクションフォーラムも開催。再生に向けて奮闘中だ。

●刊行年別に『中央公論』が並ぶ閉架書庫

基本情報	
●住所	〒156-0056 東京都世田谷区八幡山 3-10-20
●電話	03-3303-2000
●最寄駅	京王線八幡山駅
●開館時間	平日・土 10：00 ～ 18：00
●休館日	日・祝日，その他要問合せ
●料金	有料（500 円／1 回），会費制（10,000 円／年）
●URL	http://www.oya-bunko.or.jp
●サービス	閲覧，レファレンス，複写，有料データベース・電子ジャーナル

● MAP

社会 28

「思いやりの心」を育てる
人権教育啓発推進センター
人権ライブラリー

●左：人権に関する図書が並ぶ書架
●右：陽光が射しこむ明るい閲覧室

人権問題の頼もしい助っ人

　人権とは，私たちが幸せに生きるための権利。誰にでも等しく認められるべきものだ。人権ライブラリーは，人権に関する情報収集と提供を行うことを目的に，2000年，人権教育啓発推進センター（1997年に地域改善啓発センターから改組）によって開設された。

　ライブラリーの利用者は，地方公共団体や企業の人権問題を扱う担当者，教育関係者が多い。地域住民や社員を対象とした研修会，学校の授業で使う資料などを探しに訪れる。このほか団体による視察，「総合学習」や修学旅行で立ち寄る中高生の姿もよく見られる。

研修に最適な視聴覚資料が豊富

　ライブラリーでは，人権関連図書，映像資料，全国の地方公共団体が発行する啓発資料などを所蔵し，閲覧・貸出を行っている。蔵書は，図書約15,500冊（うち外国語約2,000冊），雑誌約120誌で，ビデオテープは約1,100本，CDやDVDなどは約700本に上る。図書・ビデオは，郵送等による貸出も行っている。図書は，「人権教育及び人権啓発の推進に関する法律」に基づく基本計画 にそって，「女性」「こども」「高齢者」「同和問題」など13のテーマに分類のうえ排架されている。

　特徴的なコレクションとして，人権に関する展示パネルがある。「児童労働」「女性」「ハンセン病」など21種類あり，多いものでは1種類でパネル50～

56

60枚に及ぶ。いずれも送料を負担すれば無料で借りられる。

　レファレンス質問では，研修用のDVDについて，テーマや収録時間を指定した具体的な内容のものが多い。「管理職対象の研修に合うDVDはあるか」「20分ぐらいのハラスメント研修用DVDを貸してほしい」など。地方公共団体の新任の人権問題の担当者から，資料選定について相談を受けることもある。

●企画展示のパネル類

人権の大切さを知る手がかりが随所に

　展示スペースでは，人権に関するさまざまなテーマで企画展を行っている。拉致問題啓発やハンセン病についての展示では、多くの関心を集めた。

　イベントも充実している。「人権ライブラリー読み語り企画」は，絵本作家に自分の著作を読み語ってもらい，作品における人権に関わるメッセージや読み語りのコツなどを語ってもらうもの。また，ライブラリー内の多目的スペースで，毎月1回，所蔵する映像資料の定期上映会を開いたり，センター主催の「芝大門人権講座」を開催したりもしている。多目的スペースは，人権に関する研修や会合などへの貸出も行っている。人権の大切さを知る手がかりが，至るところに設けられている。

●映画上映会や人権講座が開かれる多目的スペース

基本情報	
●住所	〒105-0012 東京都港区芝大門 2-10-12 KDX 芝大門ビル 4F
●電話	03-5777-1919
●最寄駅	JR浜松町駅，地下鉄都営三田線芝公園駅，地下鉄大門駅
●開館時間	平日 9：00 ～ 17：00
●休館日	土・日・祝日
●料金	無料
●URL	http://www.jinken-library.jp/
●サービス	貸出，閲覧，レファレンス，複写

●MAP

社会 29

更生を支える人をサポート
矯正協会 矯正図書館

- 左：2002年完成の矯正会館。3階に図書館、1階に刑務所で製作した製品を展示・販売するショップが入る
- 右：入口付近の展示コーナーと雑誌閲覧コーナー

国内唯一の刑事政策・矯正の専門図書館

　矯正とは，犯罪や非行にはしり施設収容された人たちを改善更生のうえ，社会復帰させることをいう。矯正協会の起源は，1888年に犯罪予防と矯正行政に対する協力を目的に創設された大日本監獄協会。その後，数度の名称変更を経て，1957年に現名称となった。

　矯正図書館は，1967年に開館。主な利用者は，刑務所，少年院，少年鑑別所などの矯正施設に勤務する職員，刑事政策を学ぶ学生や研究する大学教員など。刑務所などを舞台とするドラマや映画の制作者が，時代考証や舞台設定のために利用することもある。

矯正行政に携わる人たちを史資料で支える

　蔵書は，図書約40,000冊，雑誌約550誌。マイクロフィルムやCDなどの視聴覚資料も揃う。収集対象は，刑事法，犯罪現象や犯罪被害者といった刑事政策学を網羅し，社会福祉学，心理学や精神医学など周辺領域にも及ぶ。資料の大半は閉架書庫にあるが，閲覧室には新刊図書を中心に約

- 絵図『石川島監獄署景況略図』（1881年から1884年頃までと推定。縦130cm×横190cm）

3,000冊が排架され，利用者は自由に閲覧できる。

　江戸期や明治期の刑具や戒具といった博物資料，牢・監獄関係の絵図や古文書なども収蔵する。たとえば，明治期の石川島監獄署に関する絵図や監獄の写真帳などだ。このほか，仙台藩の牢に関する記録史料『定留』『後例留』といった文書も保管されている。特徴的なコレクションとしては，監獄学の確立に貢献し，矯正協会の会長も務めた正木亮氏の旧蔵資料「正木文庫」（約5,000冊）がある。

●仙台藩の牢に関する記録史料『定留』『後例留』。閉架書庫に保管されている

所蔵資料を活用した情報提供も

　レファレンス質問には，「少年院で行われている矯正教育がわかる資料はないか」「ドラマを作成中だが，第二次世界大戦直後の東京拘置所で収容者がどのように1日を過ごしていたのかがわかる資料を知りたい」といった内容のものも。オンライン閲覧目録（OPAC）には，所蔵図書に加え，受入雑誌の論文・記事にも，「犯罪者処遇」「薬物依存」「就労支援」などのキーワードを付与して登録。また，矯正協会の機関誌『刑政』や，附属中央研究所の『中央研究所紀要』のバックナンバーをウェブサイトで全文公開している。これらのデータベースは，利用者からの質問にも活用される。

　閲覧室の一角にある展示コーナーでは，不定期ではあるが，テーマを設定し所蔵資料を展示する。2017年には開設50周年を迎え，特別展示会「刑務所近代化の歴史とそれを支えた人々」を開催。新たな段階に入った図書館の今後が期待される。

基本情報	
●住所	〒165-0026 東京都中野区新井3-37-2 矯正会館3F
●電話	03-3319-0654
●最寄駅	JR・地下鉄東西線中野駅，西武新宿線沼袋駅
●開館時間	平日9：00～17：00
●休館日	土・日・祝日，その他要問合せ
●料金	無料
●URL	http://www.jca-library.jp/
●サービス	閲覧，レファレンス，複写

社会 30

労働問題について調べるならここ
大阪産業労働資料館（エル・ライブラリー）

●左：専門的資料が揃う書架と閲覧スペース
●右：映画従業員組合の旗

働く人の足跡に学び、今を支え、未来につなぐ

　廃止の憂き目にあいながらも、逆境を跳ね返して資料を守り、再生を図った図書館がある。現在、大阪社会運動協会（社運協）の運営する労働関係の専門図書館、大阪産業労働資料館（エル・ライブラリー）だ。ライブラリーでは図書館運営を資金面で支援するサポート会員を募り、自力で新しい図書館を立ち上げた。再出発は2008年。以来、明治期以降の社会運動・労働運動に学び、今の働く人を支え、歴史を未来につなぐことを使命として、ボランティアと寄付収入に支えられながら活動している。

労働関連の新旧の資料を集積

　蔵書は、図書約60,000冊。労働、労務、経営に関する図書を中心とし、白書や統計書、伝記、在阪企業の社史、労働組合史も多い。雑誌は約3,000誌で、企業の人事や労務管理に役立つ専門雑誌のほか、企業広報誌、NPOの機関紙なども。社員研修や技術講習用のビデオやDVDも多数ある。労働運動に携わった人への聞き取り調査の記録である、オーラルヒストリーの音声資料も公開。そのうちの多くは、テープを文字に起こして冊子にまとめられている。いずれも閲覧は無料だが、貸出はサポート会員に限定だ。

博物資料や文書資料も豊富

　ライブラリーの特徴は、博物館や文書館の性格を合わせ持ち、それらの資料

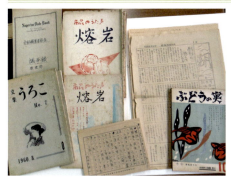
●職場の文芸サークル誌

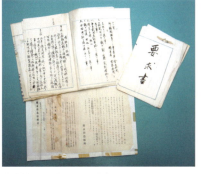
●戦前の労働組合の要求書

も所蔵していること。博物資料では、メーデーの総指揮者の帽子、労働組合の旗やバッジ、労働争議を支援するためにつくられた絵葉書など、戦前からの社会運動・労働運動関連の資料約500点。労働運動というと堅苦しいイメージがあるが、これらの資料により身近に感じられ、展示会でも好評という。

　文書資料では、主に在阪企業の労働組合日誌、文芸サークル誌をはじめ、労働争議時の嘆願書や労使の秘密協定など数万点。チラシやポスターも多い。いずれもライブラリーにしかない貴重な資料ばかりだ。なかでも、社運協の初代理事長であった中江平次郎氏が寄贈した「中江資料」は、戦後の労働運動、社会運動の様相をリアルに伝える文書類で、書架延長60mにも達する。

事前連絡をすれば資料の用意も

　利用者は、社会保険労務士や企業の人事担当者、労働組合の関係者、研究者、学生などが多い。レファレンス質問には、「古い通達や廃止された法令の一部を探してほしい」という弁護士事務所からの依頼や、労働判例を求める労働組合関係者からの依頼もある。対応には1時間以上かける場合が多く、来館日時を事前に連絡すれば、目的の資料を用意しておいてくれる。

基本情報		
●住所	〒540-0031 大阪府大阪市中央区北浜東3-14 大阪府立労働センター（エルおおさか）4F	
●電話	06-6947-7722	
●最寄駅	京阪本線・地下鉄谷町線天満橋駅	
●開館時間	平日・土 10:00～17:00、第1・第3金曜 10:00～20:00	●MAP
●休館日	月・日・祝日、月曜が祝日の場合その前の土曜、夏季休館あり、年末年始、その他要問合せ	
●料金	無料	
●URL	http://shaunkyo.jp/	
●サービス	閲覧、レファレンス、複写	

「働くこと」を考え続ける
労働政策研究・研修機構 労働図書館

経済・産業 31

● 左：労働図書館はこの建物の1階に位置する
● 右：壁面に新刊雑誌が並ぶ閲覧室

労働事情・労働政策のことなら

　労働政策研究・研修機構は，2003年に日本労働研究機構と労働研修所の統合により設立された。日本で唯一の労働政策に関する研究・研修機関だ。

　労働図書館は，労働関係の専門図書館として，内外の労働関係の図書や雑誌などを総合的・体系的に収集・整理・保管することで，機構内の研究員の調査研究を支援している。これらの資料は一般にも公開。主な外部利用者は，行政関係者，企業の労務担当者，研究者や学生など。

充実した労働分野の資料群

　蔵書は，図書186,000冊（うち外国語44,000冊），雑誌408誌（同142誌）。マイクロフィルム，ディスクなど視聴覚資料も揃う。労働法や労働経済，労働運動といった労働分野に加えて，経済学や社会学，教育学など社会科学領域の図書・雑誌などを幅広く扱う。また，民間の研究機関が発行する調査報告書，政府刊行物，大学の紀要，労使団体の資料なども継続的に収集している。

　さらに，労働組合や個人から寄贈された戦前・戦後の貴重な資料を「特

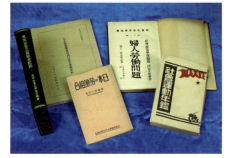

●「特殊コレクション」の一部。隅谷三喜男氏寄贈の労働関係の図書

殊コレクション」として保管。たとえば，全日本労働組合会議（全労）資料，東京大学名誉教授であった隅谷三喜男氏の寄贈図書（明治・大正・昭和初期の労働関係図書）や，国鉄分割・民営化資料などだ。

利用者からのレファレンス質問にも検索ツールで対応

「不動産業界の賃金などの統計資料を探している」「海外駐在，海外出向者の処遇や規則についてまとめた雑誌記事を読みたい」といった質問も寄せられる。こうした質問には，図書館の所蔵資料を検索できるオンライン閲覧目録（OPAC）や，機構が作成し労働社会問題に関する論文情報を検索できる「論文データベース」を使用して回答する。

所蔵資料を「テーマ」で紹介

図書館が所蔵する図書を広く一般に公開するために，毎年，閲覧室で「企画展示」を実施している。たとえば，「日本の職業変遷史」では，社会環境の変化に伴い，消えていく職業や新しく生まれる職業について，これまでの変化や今後の未来像に触れた図書を取り上げる。

また，図書館のウェブサイトには，「注目図書資料」のページを開設。いま話題のテーマを取り上げ，所蔵する図書を紹介する。たとえば，外国人の労働，ワーク・ライフ・バランス，AI（人工知能）と働き方といったテーマだ。

「働くこと」について，知りたくなったら一度は訪れてみたい。

●書庫に並んだ集密書架

基本情報	
●住所	〒177-8502 東京都練馬区上石神井 4-8-23
●電話	03-5991-5032
●最寄駅	西武新宿線上石神井駅
●開館時間	平日 9：30 ～ 17：00
●休館日	土・日・祝日，年末年始
●料金	無料
●URL	https://www.jil.go.jp/lib/index.html
●サービス	貸出，閲覧，レファレンス，複写

● MAP

金融や資本市場に関する資料を広く公開
日本証券経済研究所東京研究所 証券図書館

●受付カウンター。利用には身分証明書の提示を

●研究所が発行する定期刊行物

経済・金融動向を調査研究する

　日本証券経済研究所は，1961年，当時の証券界の発意によって証券に関する基礎理論，証券市場構造のあり方などを研究するために設立された。近年，リーマン・ショック等の影響により，世界的に金融・資本市場の機能，メカニズムや金融規制のあり方が問われている。こうした状況下で，研究所はわが国を代表する金融・資本市場に関する専門研究機関としての役割を果たすことに努めている。

　証券図書館は，1966年，証券の調査・研究のための専門図書館として，研究所に附置された。主な利用者は，証券会社，投資信託会社，証券諸団体の役職員や投資家をはじめとする一般の人たちだ。2019年2月，図書館は，研究所と一緒に現在地に移転した。

金融・資本市場に関する資料が充実

　蔵書は，図書約32,800冊（うち外国語10,400冊），雑誌161誌（同36誌）。金融・資本市場および一般経済動向に関する図書・資料，証券会社の社史を収集する。特に，証券の取引や取引制度に関連する統計データ・図書を重点的に収集。今回の移転に伴い，図書館スペースが半分になったため，必要性の高い資料に絞って収集することに。

特筆すべきコレクションには「高橋亀吉文庫」がある。経済学者・評論家として高名な高橋亀吉氏の蔵書約13,500冊を収める。明治・大正・昭和期に出版・発行された経済・証券・産業分野の専門書や資料等から成り，貴重な文献を網羅。なお，文庫の閲覧には事前連絡が必要で館外貸出はしていない。

●「高橋亀吉文庫」の一部

利用者サービスにも力点をおく

証券図書館は，調査研究を目的に利用する人たちが多い。そのため，レファレンスサービスを重視している。たとえば，「日本国内で購入できる外国債を知りたい」といった質問には，所蔵資料の『公社債便覧』や日本証券業協会のウェブサイト内にある「公社債発行銘柄一覧」を使って対応する。

また，受入雑誌に掲載された証券関係の論文・記事をデータベース化し，ウェブサイトで提供。論文名，著者名，独自分類などから検索できる。

さらに，収集資料のうち金融・資本市場関係者の関心が高いテーマを設定し，関連する文献や論文・記事を，図書館内またはウェブサイト上で特別展示する。これまで実施した展示のテーマは，「少額投資非課税制度（NISA）」や「スチュワードシップ・コード」などだ。

金融・資本市場や証券関係の資料が必要な折には，新装オープンとなった証券図書館を訪れてみてはどうだろう。

●閲覧席とオンライン閲覧目録（OPAC）

基本情報	
●住所	〒103-0027 東京都中央区日本橋2-11-2 太陽生命日本橋ビル12F
●電話	03-6225-2674
●最寄駅	地下鉄日本橋駅
●開館時間	平日9：30〜17：00（要 ウェブサイトから事前予約）
●休館日	土・日・祝日
●料金	無料（要 身分証明証）
●URL	http://www.jsri.or.jp/library/index.html
●サービス	貸出（限定），閲覧，レファレンス，複写

● MAP

日本の産業発展の歴史をたどる
トヨタ産業技術記念館 図書室

- ●左：近代化産業遺産に認定された赤レンガの建物。2階に図書室がある
- ●右：「佐吉・喜一郎コーナー」。関連資料をパネルやポップで紹介

経済・産業 33

わが国の機械産業の発展と近代化を知る

　1994年に開館したトヨタ産業技術記念館。大正時代，トヨタグループ発祥の地に建てられた赤レンガ造りの工場を活用して設立された。現在，建物は近代化産業遺産にも認定。豊田佐吉氏が発明した繊維機械と，長男・喜一郎氏が国産化に挑んだ自動車。いずれも，近代日本の発展を支えた基幹産業となった。記念館では，こうした技術の変遷を紹介しながら，豊田父子が拠りどころとした「研究と創造の精神」と「モノづくり」の大切さを今に伝えている。

　図書室は，記念館オープンと同時にエントランス横に設置。2005年，10周年事業として，2階の現在地に移設された。利用者の多くは，記念館へ見学に来た人たちだ。気軽に立ち寄って，図書や雑誌を閲覧する人や「児童書コーナー」で図書を読む親子連れで賑わう。このほか，繊維関係の業界新聞を閲覧するため，定期的に図書室のみを利用する人の姿も。

自動車と繊維に関する資料の宝庫

　コレクションの中心は，自動車，繊維をはじめとした科学，技術，産業，モノづくり等に関する図書，雑誌。その数は計70,000冊ほど。トヨタグループ各社からの寄贈もあり，グループをはじめとする製造業の社史，1930年〜50年頃に発行された外国雑誌も充実。小学校高学年向けの「児童書コーナー」には，発明家の伝記や自由研究に役立つ図書，モノづくりへの興味をかき立てる図書約3,000冊が揃う。なお，貸出はしておらず複写はできない。

　図書室では，記念館を見学後に，豊田佐吉・喜一郎父子について，より深く

知りたいと訪れる利用者も多いため、「佐吉・喜一郎コーナー」を設置している。二人に関するレファレンス質問が多いことも図書室の特徴だ。また、デジタルアーカイブでは、佐吉氏が啓発され向学心を高めた『西国立志編』（全11巻）と、氏の伝記が公開されている。

●『西国立志編』(木平謙一郎蔵版, 1871年)

訪問したくなる仕掛けが満載

　所蔵資料が多くの利用者の目に触れるよう、特集コーナーの設置とテーマ展示を実施。各テーマは1〜2ヵ月ごとに変わる。たとえば、特集コーナーでは「初代クラウン」「自然と遊ぶ 自然に学ぶ」、テーマ展示では「人を活かす―松下幸之助」「日本の伝統文化」などだ。特集コーナーで展示した図書は、リストを作成してウェブサイトでも公開。記念館で、開催される企画展や特別展と連動したテーマを選定することで、訪問者の展示への理解の一助にも。

　図書室では各種イベントも開催。毎月あるテーマのもとスタッフが選定したおすすめ本から好きな本に投票する「本にひとこと！」（常時開催）もその一つ。工夫を凝らした展示やイベントの開催で利用者を魅了している。

●「本にひとこと！」投票の様子

基本情報	
●住所	〒451-0051 愛知県名古屋市西区則武新町4-1-35
●電話	052-551-6115
●最寄駅	名鉄名古屋本線栄生駅、なごや観光ルートバス"メーグル"トヨタ産業技術記念館バス停下車
●開館時間	平日・土・日・祝日9：30〜17：00
●休館日	月曜（祝日の場合は翌日）、年末年始、特別整理期間
●料金	無料
●URL	http://www.tcmit.org/exhibition/library.html
●サービス	閲覧、レファレンス

鉄道ファン大集合
鉄道博物館 ライブラリー

●左：円筒形のフォルムが印象的な外観
●右：ライブラリーの閲覧室

博物館展示資料の理解を助ける

　乗り鉄，撮り鉄，食べ鉄―。最近は，音鉄，呑み鉄も登場した。鉄道ファンの情熱とパワーには圧倒される。これら鉄道ファンの聖地と呼ばれるのが，2007 年にオープンした鉄道博物館だ。初代・鉄道博物館が開館した 1921 年から現在まで，約 100 年にわたって蓄積されてきた博物館資料を収蔵。大きな実物車両から車両模型，図面に至るまで，その数約 67 万点。

　ライブラリーは，博物館 2 階に図書・雑誌をはじめ，マイクロフィルムや写真などを収集・提供するために開設。展示された博物館資料の性能や歴史など，より詳細な情報を得るうえでライブラリーの資料は欠かせない。ライブラリーはこうした博物館資料への理解を助け，鉄道技術と文化への興味がさらに深まるように利用者をサポートしている。公開は原則土・日・祝日と限定的だが，趣味の調べものから調査研究まで，幅広く利用されている。

鉄道ファン垂涎の蔵書

　蔵書は大まかに，図書，雑誌，古文書，時刻表の 4 つに分けられる。最近の雑誌類を除き，ほとんどは閉架。図書は，鉄道を中心に交通関係各分野の歴史・技術・統計・年鑑・伝記など約 38,000 冊。雑誌は 58 誌で，鉄道趣味の雑誌や，関連団体の機関誌も収集している。

　ライブラリーでは，記録として残されてきた古文書も多数所蔵する。その代表格が『鉄道古文書』だ。1870 年 3 月から 1893 年 10 月までの鉄道に関する予算・建設・組織等を記録した公文書類で，国の重要文化財に指定。鉄道の

草創期を知るうえで第一級の貴重資料だ。

　鉄道ファンを唸らせる，もう一つの資料が時刻表。明治期から現在までのものを揃える。初期の時刻表は1枚の紙に印刷されたものだった。時刻を表す数字が，漢数字から算用数字に変わったのは大正末期のこと。巻末の旅館の広告は世相を映す。

●統計書の並ぶ閉架書架

時刻表は，列車の発着時刻や運賃だけでなく，運行を巡るさまざまな情報を綴じこんで，運行の歴史を物語る。

時刻表から人生の軌跡を見つける

　最近は，自分や家族の歴史を確認するために時刻表を利用する人が増えてきた。たとえば，「〇年に上京したが，当時は何時間くらいかかったのか」。人生の軌跡は，こうした資料からも見つけられる。

　なお，ライブラリーとは別のフロア（1階）に，小学生までを対象にしたキッズライブラリーがある。ライブラリーとは明確に役割を異にし，絵本や鉄道関連図書約1,000冊（外国語版を含む）が開架されている。

●懐かしい時刻表の数々。明治・大正期のものも揃う

基本情報	
●住所	〒330-0852 埼玉県さいたま市大宮区大成町 3-47
●電話	048-651-0088
●最寄駅	埼玉新都市交通線（ニューシャトル）鉄道博物館駅
●開館時間	平日・土・日・祝日 10：00 ～ 17：00 （平日は事前予約制，鉄道博物館の開館時間は 10：00 ～ 18：00）
●休館日	火曜，その他要問合せ
●料金	有料（1,300 円）
●URL	http://www.railway-museum.jp/
●サービス	閲覧，レファレンス

●MAP

もっと知りたい海運の世界
日本海事センター 海事図書館

- 左：雑誌コーナーと閲覧スペース
- 右：開架書架には図書が所狭しと並ぶ

経済・産業 35

暮らしを支える海運

　かつて人は，海を渡り，文化・文明を伝播し，交易を重ね，造船技術や航海技術の発達を受けて，大量・長距離の輸送を可能にしてきた。現在でも国際物流の主力は海運である。この海運をはじめとする海事分野の専門図書館が，日本海事センター海事図書館だ。

　起源は1974年設立の海事産業研究所海事資料センター。その後，親機関の組織改編に伴う名称変更を経て，2007年に現名称となった。利用者は，海事関連企業・団体の社員・職員，研究者（歴史・経済などの分野を含む），金融・保険・メーカーの社員が中心。船の愛好家や船にまつわる先祖の歴史を調べる人も訪れる。

アジア随一の蔵書数

　蔵書は，図書約46,000冊（うち外国語16,000冊），雑誌約1,000誌で，その数は海事専門図書館としてはアジア随一と言われる。海運・造船・港湾に関する19世紀後半（明治維新以降）の資料を中心とし，海運と関係が深い石油・鉄鋼等の産業に関する資料も多い。

　力を入れて収集しているのは，続

- 検索用のオンライン閲覧目録（OPAC）があるカウンター付近

計資料，海運会社の社史・年史，船名録など。特に，イギリスで発行されている船名録『ロイズレジスター（Lloyd's Register）』を1764年から1833年まではリプリント版で，1876年から現在まではオリジナル版で所蔵。日本では他の図書館にも所蔵はあるが，長期間にわたって所蔵しているのは海事図書館しかなく，世界的に見ても貴重だ。

●『ロイズレジスター（Lloyd's Register）』1895年版。「土佐丸」の船名が見える

ほぼすべての資料が開架に

　海事図書館は誰でも利用でき，ほぼすべての資料が開架で，自由に手に取って見られる。初めて図書館を訪れた人でも，戸惑うことなく資料を探せるよう，詳細な「資料ガイド」が用意されている。2013年には，東京の千代田図書館と共催で船員の仕事や暮らしを紹介する「海のしごと」のパネル展示を実施。好評につき，以後全国6ヵ所で巡回展を行った。パネルの内容は冊子にまとめて配布している。

「1908年5月6日午後3時神戸発ホノルル行」の客船名は？

　レファレンスサービスではこんな質問を受けることも。図書館では古い資料を元に調べたが，船名を特定することはできなかったとのこと。ただし，当時この航路に就航していた5隻の船名（土佐丸，丹後丸など）は判明。この5隻のいずれかであるとは思われたが，より詳細な資料は図書館になく，資料が残っている可能性のある他館を紹介したという。海運に関心のある人は，ぜひ一度訪れ，海より広くディープな世界を味わってほしい。

基本情報	
●住所	〒102-0093 東京都千代田区平河町 2-6-4 海運ビル 9F
●電話	03-3263-9422
●最寄駅	地下鉄永田町駅
●開館時間	平日 12：00 ～ 17：00
●休館日	土・日・祝日，その他要問合せ
●料金	無料
●URL	http://www.jpmac.or.jp
●サービス	貸出，閲覧，レファレンス，複写

飛行機好きのあなたにおすすめ
日本航空協会 航空図書館

経済・産業 36

●書架と大きな机の置かれた閲覧スペース

●図書館入口にある模型飛行機のショーケース

航空と宇宙研究のあゆみを伝える

　子どもの頃抱いた大空への夢と憧れ―。図書館入口に立つと，そんなワクワク感がたちまち蘇ってくる。右手のショーケースには，模型飛行機がズラリと列を成している。戦中の飛行機もあれば，次世代ジェット機と呼ばれる MRJ（Mitsubishi Regional Jet）もある。館内に入ると，航空関係の資料が多数並んでいる。

　ここは日本航空協会航空図書館。日本で唯一の航空と宇宙に関する専門図書館として，1955 年に開設された。主な利用者は，航空業界の実務者，企業や行政の調査担当者，航空評論家，大学教員，学生など。就職活動の時期には，航空業界への就職を目指す学生が，企業研究のため航空各社の機内誌・広報誌や社史などを閲覧に訪れることもあるという。航空ファンも多く見られ，なかには，昔の空港や飛行機に関する文献を探しに訪れる人も。マスメディア関係者からは，時代考証のためのレファレンス質問が寄せられる。

空に関する情報が盛りだくさん

　図書館は空に関するさまざまな情報であふれている。蔵書は約 12,000 冊（うち外国語約 4,100 冊）。航空関係の統計資料，航空・宇宙研究の学術書，研究調査報告書など専門性の高い資料が中心だ。雑誌は約 100 誌で，内訳は航空路誌，航空時

●雑誌架には多数の和・洋雑誌が並ぶ

刻表，航空業界専門誌，航空各社の機内誌・広報誌などと多種多様。気球やハンググライダーなどのスカイスポーツや，模型飛行機に関する雑誌類も揃っており，最新の空の事情を知ることができる。

　研究者や航空ファンにとって嬉しいのは，これらに加えて戦前・戦後にかけて創刊された航空雑誌も所蔵していること。『航空時代』『航空朝日』『航空知識』『空』などの閲覧も可能だ。

お宝コレクション『ジェーン年鑑』と『航空年鑑』

　特筆すべき貴重なコレクションが2つある。『ジェーン年鑑』(Jane's All the World's Aircraft) は，イギリスのジェーン社が発行する航空機総覧で，世界中の航空機の機種や性能など詳細なデータを掲載。図書館では，大戦中を除き創刊号（1909年）から最新号までを所蔵している。

　『航空年鑑』は，日本と海外の航空界全般の現況と，関係資料を収録したもの。1930年に当時の帝国飛行協会により創刊され，その後一時中断と復刊，『航空宇宙年鑑』への改題を経て，2011年に休刊となった。図書館では創刊から休刊に至るまで，すべてを備えている。いずれも航空史研究において重要な資料。身近で航空界のお宝に触れられるとは，何とも贅沢な空間だ。

　誰でも利用できるため気軽に足を運び，空翔ける航空の魅力を堪能したい。

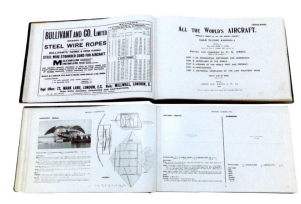

●航空機総覧の『ジェーン年鑑』

基本情報	
●住所	〒105-0004 東京都港区新橋 1-18-1 航空会館 6F
●電話	03-3502-1205
●最寄駅	地下鉄都営三田線内幸町駅，JR・地下鉄新橋駅
●開館時間	平日 10：00 ～ 17：00
●休館日	土・日・祝日，その他要問合せ
●料金	無料
●URL	http://www.aero.or.jp/koku_tosyokan/koku_toshokan.html
●サービス	貸出（有料登録制 年間登録料：大学生以上 4,000 円，高校生 2,000 円，小中学生 1,000 円），閲覧，レファレンス，複写

印刷文化の奥深さを知る
印刷博物館 ライブラリー

●左：整然としたカウンター周辺
●右：書架には隣接するギャラリーの展示内容に合わせた図書が並ぶ

小学生も訪れる印刷専門のライブラリー

　グーテンベルクが活版印刷技術を発明したのは15世紀中頃と言われる。以来600年近く，印刷がもたらした社会的・文化的な恩恵は計り知れない。印刷博物館は，凸版印刷株式会社創立100周年記念事業の一環として，2000年に開館した。ライブラリーはその1階に，小規模ながらも印刷の専門図書館として同時にオープン。収集した印刷と関連分野の資料を公開している。

　利用者の中心は博物館を訪れる一般の人たちで，大人から子どもまで幅広い。ライブラリーの利用を目的として訪れるのは，研究者と学生が多い。夏休みの宿題を調べる小学校低学年の児童の姿も見られ，なかには大人顔負けの鋭い質問をする児童も。なお，ライブラリーのみの利用は無料。

コレクションには印刷会社や活字の見本帖も

　コレクションは印刷分野全般にわたり，文字，活字，版画，インキ，紙，製本などに関する資料も多い。加えて，印刷に対する文化的側面からのアプローチも重視し，出版，広告，アート，グラフィックデザイン，書誌学などの分野の資料も豊富。蔵書は図書約31,200冊（うち外国語約

●他館では見られない貴重な活字見本帖

6,200冊),雑誌約150誌(同約50誌)で,CD-ROMやDVDなども揃う。

とりわけ印刷関係の雑誌(明治期・大正期のものを含む)と印刷会社の見本帖を積極的に収集しており,いずれも他館では見られない貴重な資料群だ。活字の見本帖(印刷見本)や,営業案内のような印刷会社の企業資料も揃う。ライブラリーでは,図書だけでなく,業界新聞や専門誌,社史・年史なども入手に努めているという。

詳細な目次情報とレファレンスサービス

ライブラリーは基本的に閉架であるため,書架から直接図書を手に取って拾い読みできない。そこで,オンライン閲覧目録(OPAC)には所蔵図書の書名や著者名などに加え,目次情報が入力されている。こうしたきめ細かな配慮が,利用者が資料や情報を探す際の強い味方になっている。

ライブラリーにはさまざまな質問が寄せられる。たとえば,「先祖が印刷業を営んでいたようだが,詳細がわからないので調べたい」「400字詰め原稿用紙の由来について知りたい」など。ライブラリーでは所蔵資料をもとに回答し,場合によっては博物館の学芸員や他館の協力を得ることもある。

ライブラリーでは,独自のイベントは実施していないが,博物館の企画展に合わせて蔵書を出展することも。企画展のあとに関連資料や情報が知りたくなったら,ライブラリーに足を運ぼう。

●OPAC,デジタルライブラリーなどを検索・閲覧できる情報コーナー

基本情報	
●住所	〒112-8531 東京都文京区水道1-3-3 トッパン小石川ビル
●電話	03-5840-2302
●最寄駅	地下鉄有楽町線江戸川橋駅,JR・地下鉄飯田橋駅,地下鉄後楽園駅
●開館時間	平日・土・日 10:00〜18:00
●休館日	月,その他要問合せ
●料金	無料
●URL	https://www.printing-museum.org/floorplan/library/index.html
●サービス	閲覧,レファレンス

紙の奥深さを再認識
紙の博物館 図書室

経済・産業 38

- 左：春には桜が出迎えてくれる紙の博物館入口
- 右：集密書架を備えた図書室

紙の歴史を紐解き，未来を考える

　洋紙発祥の地，東京都北区の王子。明治初期に近代的な製紙工場のさきがけとなった抄紙会社（のちの王子製紙株式会社王子工場）が設立されたことで知られる。1949年，占領政策の過度経済力集中排除法によって，王子製紙は3社に分割されることに。これを機に，1950年，社会教育に貢献するため，王子製紙紙業史料室の資料を一般公開し，紙の博物館の前身にあたる「製紙記念館」を設立。1965年に現名称となる。1998年，現在地の飛鳥山公園内に移転し，隣接する他の博物館や史料館とともに「飛鳥山3つの博物館」の一つとして新装オープン。

　図書室は，記念館設立と同時に開設された。現在では，博物館の1階にあり，誰でも利用できる。ただし，貸出はしていない。主な利用者は，学生，研究者，紙に関連する会社の人たち。

専門書・業界紙から和・洋紙の見本帖まで

　図書室では，紙・パルプ・製紙業・和紙，およびその周辺分野の図書や雑誌を所蔵する。蔵書数は，図書15,924冊（うち外国語1,375冊），雑誌計652誌。特徴的なコレクションには，和・洋紙の見本帖，紙関連分野の業界新聞や専門誌などがある。

　貴重書も揃う。たとえば，紙の博物

- 『二〇〇〇年紀和紙總鑑―日本の心』。各種和・洋紙の見本帖が揃う

館副理事長を務めた関義城氏からの寄贈資料のうち，図書と雑誌など約4,000点を集めた「関義城文庫」。文書修復家で樹皮紙研究者でもある坂本勇氏が収集した約200点の樹皮紙関連の図書から成る「坂本文庫」。いずれも利用者に公開されている。

なお，書庫にある雑誌のバックナンバー，1960年以前発行の図書，貴重書の閲覧には，事前予約と申請が必要。

●業界新聞が収められた新聞架

紙にまつわる疑問も解決

「紙のサイズにはなぜ「A」と「B」があるのか。その意味や由来を教えてほしい」「ティシュペーパーの歴史を知りたい」といった紙にまつわるレファレンス質問も寄せられる。これらの質問には，社史や図書など豊富な所蔵資料で対応する。

図書室では，毎年，夏休み期間中，小中学生を対象に自由研究におすすめの図書を展示し，相談なども受け付ける「夏休み図書室自由研究フェア」を開催。自由研究のヒントを求めて，多くの児童・生徒の姿も。博物館で行われる「紙すき教室」や「親子で牛乳パック工作」といった親子を対象としたイベントと合わせて訪れたい。

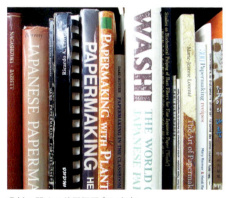
●紙に関する外国語図書も充実

基本情報	
●住所	〒114-0002 東京都北区王子1-1-3
●電話	03-3916-2320
●最寄駅	JR・地下鉄南北線王子駅，地下鉄南北線西ケ原駅，都電荒川線飛鳥山駅
●開館時間	平日・土・日・祝日10：00～17：00（12：00～13：00閉館）
●休館	火・水，博物館の休館日，臨時休室日，その他要問合せ
●料金	無料（博物館入館は有料 一般300円，小中高生100円）
●URL	http://www.papermuseum.jp
●サービス	閲覧，レファレンス，複写

広告の社会的・文化的価値を届ける
アドミュージアム東京 ライブラリー

● 左：ライブラリーの入口。右手にインフォメーションカウンターがある
● 右：吉田秀雄氏の功績を紹介するコーナー

広告とマーケティングに関する資料なら

　アドミュージアム東京は，2002年，株式会社電通の第4代社長であった吉田秀雄氏の生誕100年を記念して開館。吉田秀雄記念事業財団が運営する日本初の広告とマーケティングのミュージアムだ。2017年に全面リニューアル。展示スペースとライブラリーの2フロアで構成。展示スペースでは，江戸時代から現代に至る日本の広告の歴史を紹介する常設展示や，広告を体感できる視聴ブースのほか，企画展などを開催。

　ライブラリーは，1966年に開館した吉田秀雄記念広告図書館に起源を持つ。現在では，日本で唯一の広告コミュニケーションに関する専門図書館だ。利用者の多くは，広告業界の人たちや学生。展示スペースを訪れる一般の人たちも，ライブラリーを利用する。

冊子体からデジタル情報源まで充実

　ライブラリーでは，広告とマーケティングに関する専門書や雑誌に加え，アイデアが得られるさまざまな分野の図書を収集している。蔵書は図書約17,000冊，雑誌約200誌。特徴的なコレクションには，1967年から財団が毎年実施する研究助成事業の全成果報告書約1,000点がある。他館にはない貴重な資料だ。

　アドミュージアム東京が所蔵する広告資料のデータベース「デジハブ」。錦絵，新聞・雑誌広告，テレビ・ラジオCMなど約20万点の広告資料をライブラリー内の端末で閲覧可能。このほか，調べ方のポイントや参考になる資料やウェブ

サイトなどを掲載した「イエローページ」も。

　CMや広告に関するレファレンス質問も多い。「日本で初めて流れたラジオCMは何であったか知りたい」「企業不祥事の謝罪広告やその対応の事例が載った資料はあるか」など。こうした質問にも、豊富な所蔵資料で対応。

人とアイデアの出会いの場

　ライブラリーでは、「Open, Join, Share」をテーマに、人とアイデアとの出会いを目的とした情報発信スペース「クリエイティブ・キッチン」を併設。ここでは、分野を超えたトークショーやワークショップなどの交流プログラムが開催され、参加者同士が新たな発見に出会える場となっている。

　また、年に4回程度行われる図書の企画展示「〇〇の本棚」では、ミュージアムで開催する企画展示のテーマを中心に、専門分野の図書に限らず、絵本や漫画、小説など、あらゆる分野の資料を紹介。

　昭和期に流行った商品の広告や、懐かしいコマーシャルのフレーズなどを通して、社会や世相を読み解いてはどうだろう。

●閲覧席（手前）とクリエイティブ・キッチン（奥）

●図書展示スペース「〇〇の本棚」

基本情報	
●住所	〒105-7090　東京都港区東新橋1-8-2 カレッタ汐留
●電話	03-6218-2500
●最寄駅	地下鉄都営大江戸線汐留駅、JR・地下鉄新橋駅
●開館時間	平日・土・祝日 11：00～18：00
●休館日	日・月、その他臨時休館あり
●料金	無料
●URL	http://www.admt.jp
●サービス	閲覧、レファレンス、複写

● MAP

国際協力についていちから学べる
国際協力機構 図書館

● 左：入口のドアに浮かぶ地球と本
● 右：落ち着いた色調の閲覧スペース

国際協力に携わる人をバックアップ

　国際協力機構（JICA）の前身である国際協力事業団が設立されたのは、1974年である。世界の平和と安定を求め、人々や国同士が信頼で結ばれることを目標に掲げて出発した。図書館の設置は1977年。開発途上国への国際協力に携わる人たちを、情報提供面で支援することを目的とする。

　今や、「国際協力」や「開発援助」のことばを聞かない日はない。途上国の実情と課題を理解し、そこで尽力する多くの人たちの活動を知ることは、国際協力を考える第一歩になるだろう。

電子化で図書館が身近に

　開架は一部であるが、書庫には膨大な資料が保管されている。図書約66,000冊、雑誌約600誌、JICAの刊行物約62,000冊。加えて現地調査のためJICAの調査団が海外で収集した資料、研修や指導のためのテキスト類、地形図作成事業の成果である地図など多数。図書館の最大の特色は、これらのうちJICA作成の報告書や地図を電子化して提供していること。JICAの職員や専門家は世界中で活動しているため、電子化によっていつでもどこからでも利用できるようになった。もちろん一般の人も、図書館のウェブサイトを介して同様に利用できる。図書館は身近で頼りになる存在だ。

　このほか映像資料、電子ジャーナル、データベースも充実。データベースのなかには図書館が独自に作成したものもある。その一つが「ボランティア報告

書」。2003年以降の海外ボランティアが作成した報告書をデータベース化したもので、多様な仕事内容と成果、課題などが具体的に記されており、これから海外ボランティア事業に応募する人たちに大いに役立っている。ただし、個人情報を含むため、利用は閲覧室の専用パソコンに限られる。

●JICA作成の報告書

レファレンスサービスの対象は世界のことがら

　利用者はJICA関係者以外では、コンサルタント、商社マン、研究者が多い。現地調査や赴任前の調べもの、報告書作成の際の資料調査に利用されている。レファレンス質問は、「インドとインドネシアの銀行ATMに関する資料はあるか」「アフリカの給水について将来見通しに関する資料を教えてほしい」など広範囲にわたる。図書館では所蔵資料を調べ、必要に応じてJICAの関連部署に問合わせて回答している。

　図書館に隣接して「JICA地球ひろば」がある。ここの体験ゾーンでは、世界が直面する多くの課題を、体験型展示で学ぶことができる。中高生の団体見学で賑わっているが、図書館の帰りにぜひ立ち寄りたい。

●「JICA地球ひろば」の体験ゾーンを訪問した生徒たち

基本情報	
●住所	〒162-8433 東京都新宿区市谷本村町10-5
●電話	03-3269-2301
●最寄駅	JR・地下鉄市ケ谷駅
●開館時間	平日10：00～17：30
●休館日	土・日・祝日
●料金	無料
●URL	https://libportal.jica.go.jp/library/public/Index.html
●サービス	閲覧、複写、JICA企画・制作の映像資料のみ貸出

● MAP

文化交流で日本と世界の絆を育む
国際交流基金 ライブラリー

●左：スチール製の書架が並ぶモダンな雰囲気の閲覧室
●右：閲覧席に華を添える大きなランタン
（写真はすべて国際交流基金ライブラリー提供）

文化・言語・対話 ── 3つの交流の場をつくる

　国際交流基金は，1972年に国際文化交流を行う日本で唯一の専門機関として設立された。現在，文化芸術交流（文化），海外における日本語教育（言語），日本研究・知的交流（対話）の3分野で多様な交流事業を展開している。

　ライブラリーは，国際交流基金発足と同時に開設。数度の名称変更を経て，現在に至る。開設当時は，日本を研究対象とする人や来日外国人を主な利用者としていたが，2003年，国際交流基金の独立行政法人化に伴い，日本人に対するサービスも重視することに。

多様な記録メディアで情報提供

　所蔵は，図書約38,000冊（うち外国語約31,000冊），雑誌502誌。マイクロフィッシュ，CD，DVDなども。国際交流基金の実施事業，国際文化交流・文化政策に関わる図書，外国語で書かれた日本文化を紹介する図書などを提供。これらのうち，貴重な資料はデジタル化され，ライブラリー内で閲覧できる。たとえば，「国際文化振興会（KBS）アーカイブ」。機関誌『国際文化』をすべて電子化したものや，1930年代から50年代に16ミリフィルムで撮影された日本文化の紹介映画「KBS文化映画」をDVDに媒体変換したものなどから成る。この映画には，日本の伝統的手工芸の製作工程なども撮影されていて興味深い。また，ウェブサイトでは，国際交流基金が作成する「日本文学翻訳書検索」や「日本映画データベース（JFDB）」なども公開。

レファレンスサービスで活きる資料と情報

「ライブラリー所蔵の村上春樹作品は何ヵ国語にわたるか。その翻訳タイトルも調べたい」。こうした質問には，ライブラリーのオンライン閲覧目録（OPAC）や，「日本文学翻訳書検索」を使って回答。また，「1937年開催のパリ万博でKBSが「日本の学校生活」と題して写真展示をしたようだ。その経緯や展示風景などがわかる資料を探している」。こうした質問には，「KBSアーカイブ」内の理事会や評議員会の議事録を参照して回答。専門資料を所蔵する専門図書館ならではのレファレンスサービスだ。

近世の貴重な洋書を通して日本を知る

ライブラリーでは，1550年から1900年までに刊行された洋書の稀覯本を所蔵している。たとえば，植物学者のC. P. ツンベルグ（Thunberg, Carl Peter）の『日本紀行』（1796年）や，イエズス会宣教師ダニエッロ・バルトリ（Bartoli, Daniello）の『イエズス会史―アジア』（1653年）など。これらに解説を付したミニ展示会を定期的に開催。外国の古書を通して，当時の日本の様子に思いを馳せてみては。

●C. P. ツンベルグ著『日本紀行』（1796年）

●ダニエッロ・バルトリ著『イエズス会史―アジア』（1653年）

基本情報	
●住所	〒160-0004 東京都新宿区四谷4-4-1（2020年に移転計画あり）
●電話	03-5369-6086
●最寄駅	地下鉄丸ノ内線四谷三丁目駅
●開館時間	平日10：00～19：00
●休館日	土・日・祝日，毎月最終日，その他要問合せ
●料金	無料
●URL	http://www.jpf.go.jp/j/about/jfic/lib/
●サービス	貸出，閲覧，レファレンス，複写，有料データベース・電子ジャーナル

●MAP

小規模ながら地球規模のテーマを扱う
国際連合大学 ライブラリー

● 左：ライブラリーが入る国連大学本部ビル
（提供：国際連合大学）
● 右：入口正面のカウンター

研究活動を支える専門ライブラリー

　国際連合の機関のなかで唯一，日本に本部を置く国際連合大学（国連大学）。1973年開催の国連総会で国連大学憲章が採択され，1975年から日本で活動が始まった。国連大学は，人類の生存，開発，福祉など国連とその加盟国が関心を寄せる緊急性の高い地球規模の課題解決に取り組むため，共同研究や大学院教育を行っている。

　2年後の1977年，小規模ながらライブラリーが設けられ，1992年，現在地に国連大学本部ビルが完成した際，現在のライブラリーも開設された。ライブラリーは，本部ビルの2階にある。総合大学の大学図書館というよりは，研究機関の小さな図書室といった趣き。小さいながらも専門性の高い充実した資料・情報が揃っており，頼れる存在だ。

重点テーマに即した蔵書構成

　ライブラリーの主な利用者は国連大学の職員・研究員や学生だが，一般の人も国連関連の資料を閲覧できる。コレクションは，国連大学の主要な研究分野および大学院教育の重点分野で構成されている。

　国連大学の研究には，社会科学，人文科学，自然科学の各分野の専門家が参加し，学際的

● 閲覧室の新着図書コーナー

であることが大きな特徴だ。そのため、ライブラリーでは、平和や安全保障と人権、持続可能な社会、自然資本と生物多様性といった重点テーマを決めて資料・情報の選定を行う。また、2015年に国連サミットで採択された持続可能な17の開発目標（SDGs）に関する日本語と英語の資料コーナーを設け、利用に供している。なお、図書の貸出は行っていない。

●洋雑誌が並ぶ雑誌架

利用者層をひろげる取り組み

国連大学では、研究と大学院教育を支援するため、図書37,000冊（うち外国語35,000冊）に加えて約40,000タイトルの電子ジャーナルを契約している。一般の利用者もライブラリーで閲覧できる。ライブラリーでは、無料で提供されている国連の公文書、各種統計、条約集など各種データベースの利用方法の案内も行う。「世界各国の出生数を知りたい」や「国連発足時からの予算の国別分担金を知りたい」という利用者からの質問には、国連統計委員会や国連のウェブサイトの関連ページを紹介して回答。

ライブラリーでは、2014年から約2年間、計22回にわたり「ライブラリー・トーク」を開催した。これは、国際社会の関心事項をテーマにした図書の編著者を招いて図書を紹介したり、編著者と参加者とで意見交換したりする公開イベントだ。こうした取り組みは、ライブラリーの活動を理解するよい機会となっている。

●集密書架と開架書架

基本情報	
●住所	〒150-8925 東京都渋谷区神宮前5-53-70
●電話	03-5467-1359
●最寄駅	JR・地下鉄渋谷駅、地下鉄表参道駅
●開館時間	平日10：00～17：30
●休館日	水・土・日、国連大学休日
●料金	無料
●URL	https://unu.edu/about/unu-services/library
●サービス	閲覧、レファレンス、複写

●MAP

開発途上国研究の拠点
日本貿易振興機構アジア経済研究所図書館（学術情報センター）

●左：広々とした1階の閲覧室
●右：新聞原紙の保存庫

開発途上国研究を強力にサポート

　アジア経済研究所（アジ研）は，1958年，わが国における開発途上国研究の拠点として，その実態と課題を解明し，世界に知的貢献することを目標に発足した。1998年には日本貿易振興会（現 日本貿易振興機構）と統合。現在に至る。図書館の開設は1960年。研究の情報センターとして，開発途上国・地域の経済，政治，社会に関する資料・情報の収集と提供を目的とする。2019年4月の組織改編により出版部門と統合し，現名称となった。

　利用者は大学教員や学生が多いが，一般の人や会社員も少なくない。「東南アジアにおける日本のアニメや漫画の普及の現状は？」「ケニアの切花産業とその歴史を知りたい」など，さまざまなレファレンス質問が寄せられる。図書館は，開発途上国について知りたい人や，調査に行き詰った人の強力なサポーターとなっている。

学術的文献から最新の逐次刊行物まで

　図書館では，開発途上国の政府刊行物，雑誌・新聞，海外の大学・研究機関の調査報告書，統計資料など，基礎資料から専門的な資料・情報まで，電子資料も含めて幅広く収集。近年，電子出版が増加しているが，図書館の強みは，そうした資料環境が変化するなかでも，それぞれの地域・国の担当者が蔵書構築を行っていること。それにより，他の類縁機関にないような現地で出版され

国際・外国事情 43

た資料を多数所蔵している。図書は約51万冊（うち外国語約41万冊），雑誌は約3,700誌，統計資料やマイクロフィルムなどは計約14万点。

特徴的なコレクションに，旧植民地関係機関資料，韓国の社史，中国の地方誌などがある。たとえば，旧植民地関係機関資料には，南満洲鉄道株式会社（満鉄）の最後の総裁，山﨑元幹氏の保管してい

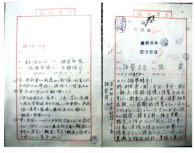

●「山﨑文書」の電報訳文

た満洲事変前後の満鉄の状況に関する文書（「山﨑文書」）計530点が含まれる。

デジタルアーカイブスも充実している。研究所の研究成果を世界に発信する学術研究リポジトリ（ARRIDE），南方関係軍政・海軍資料を中心とした岸幸一コレクション，開発途上国のフォトアーカイブスなどがある。

資料展と講演会のコラボレーション

図書館では，蔵書を用いた資料展示を開催し，随時，関連テーマの講演会も行っている。講演会の講師はアジ研の研究者や図書館員のことも。いずれもそれぞれの国の歴史や今日の問題，人々の営みを伝える。名称に「アジア」と付いているが，中東，アフリカ，ラテンアメリカ，オセアニアもカバー。トルコの写真と調度品を合わせて展示した資料展や，エチオピアの女性の歴史と現在を知らせる資料展＆講演会も開かれている。これらの国々に関心のある人はぜひ訪れて，人々の暮らしと素顔を肌で感じ取ってほしい。

●資料展「周縁から読む現代社会—アジア・アフリカの「マイノリティ」」（2014年度）

基本情報	
●住所	〒261-8545 千葉県千葉市美浜区若葉3-2-2
●電話	043-299-9716
●最寄駅	JR海浜幕張駅，JR幕張駅，京成線京成幕張駅
●開館時間	平日10：00〜18：00，第1・第3土曜10：00〜18：00
●休館日	上記以外の土・日・祝日，その他要問合せ
●料金	無料
●URL	http://www.ide.go.jp/Japanese/Library/
●サービス	閲覧，レファレンス，複写，有料データベース・電子ジャーナル

●MAP

韓国文化をまるごと味わう
駐日韓国大使館韓国文化院 図書映像資料室

- 左：韓国のベストセラー本も並ぶ書架
- 右：音楽CDや映画・ドラマのDVDを楽しめる視聴覚ブース

韓国文化普及の第一線

　2002年の日韓合同開催FIFAワールドカップや，2004年の「冬ソナ現象」の熱気は，いまだ記憶に新しい。これらを契機に韓国文化への関心が高まり，今や街中にK-POPが流れ，食卓には韓国の食材が並ぶ。韓国文化院が，日本における韓国文化の総合的窓口として開院したのは，これらより早い1979年。その施設の一つ，図書映像資料室は，開院当初より韓国専門資料室として，韓国文化の広報・普及に努めてきた。

　利用者は，韓国の文化・歴史に興味のある人たちをはじめ，韓国ドラマや映画に関心のある人，韓国語※学習者，そして近隣に在住する韓国人家族など。誰でも無料で利用できるため，なかには何年にもわたってほぼ毎日，映画のDVDを観に訪れる人もいる。戦前に韓国で生まれた年配の日本人からは，自分の生まれた地の現在の住所と様子を知りたいというレファレンス質問も。資料室は，韓国文化をまるごと伝える，肩の張らない国際交流の場と言えそうだ。

※一般には「朝鮮語」だが，ここでは韓国文化院の表示にならい「韓国語」を使用した。

韓国文化を映像と文字で伝える

　入口を入るとすぐに，韓国の映画・ドラマのDVDが目に飛び込んでくる。その数約2,000タイトル。そばには韓国の伝統音楽や歌謡曲のCDも。

　図書は言語別にすき間なく並んでいる。韓国関連の日本語図書約8,000冊，

韓国の文化を紹介する英語図書約1,000冊，そして最大の面積を占めるのが韓国語の図書で，約20,000冊。日本語図書のなかには韓国の現代文学作品の翻訳本が含まれ，韓国語図書には，韓国で人気のベストセラー本が多く含まれる。児童書も多く，韓国で人気の絵本や学習マンガなどが約1,000冊。夏休み中や土曜日に，子ども連れの家族で賑わうコーナーだ。韓国語の雑誌20誌や新聞5紙も揃い，語学教材も充実している。教材は文法・会話などのジャンル別に排架され，韓国語の検定試験直前には，対策問題集がほとんど貸出中になってしまうという。

●明るい雰囲気の児童書コーナー

　資料はすべて開架で，自由に閲覧できる。利用登録をすれば，図書は貸出を受けられ，DVDは視聴覚ブースで観ることができる。ただし貸出はしていない。

韓国の電子資料（原文）の閲覧も

　資料室には，韓国国立中央図書館と韓国国会図書館のデジタル・ライブラリーに接続されたパソコンが設置され，原文検索サービスを利用できる。古典や朝鮮王朝実録から近現代の官報，新聞に至るまで，日本ではほかでなかなか閲覧できないものばかり。資料室の教材で韓国語を勉強し，ぜひナマの韓国文化に触れたいものだ。

●韓国の国立中央図書館と国会図書館の電子資料（原文）も閲覧できる

基本情報	
●住所	〒160-0004 東京都新宿区四谷4-4-10 韓国文化院3F
●電話	03-3357-6071
●最寄駅	地下鉄丸ノ内線四谷三丁目駅，JR信濃町駅
●開館時間	平日10：30～18：30，土10：30～17：30
●休館日	日・月・祝日，その他要問合せ
●料金	無料
●URL	http://www.koreanculture.jp/library
●サービス	貸出，閲覧，レファレンス，複写

● MAP

フランス文化の情報を発信し続ける
アンスティチュ・フランセ東京 メディアテーク

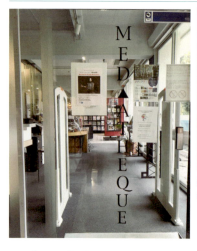

- 左：ガラス張りの扉が印象的な入口
- 右：外光が射し込む明るい閲覧室

日本のなかのフランス

　フランス政府公式の語学学校・文化センターである「アンスティチュ・フランセ東京」。1952年に東京日仏学院として創設され，2012年にフランス大使館文化部，横浜日仏学院，関西日仏学館，九州日仏学館との統合によって現名称（アンスティチュ・フランセ）となった。

　ここでは，フランス語を学べるのと同時に，映画や講演会，展覧会などのイベントを通してフランス語圏の多様な文化に触れることができる。館内には，語学教室に加えて，映画館やカフェ，そして図書館（メディアテーク），さらにはフレンチ・レストランまで揃う。フランス文化の香り漂う空間だ。

マルチメディアに対応した図書館 ── メディアテーク

　図書館は，1952年，創設と同時に開館。近代建築の巨匠の一人に数えられるル・コルビュジエ（Le Corbusier）氏の門下であった日本人建築家による設計。3階建ての建物の2階に位置する。天井に吹き抜けをあしらったゆったりとした空間が心地よい。2000年，マルチメディア時代に対応した「メディアテーク」に

- 日本語で書かれたフランスのガイドブック

国際・外国事情 45

リニューアルされた。利用者は，主にここのフランス語の授業に通う学生だが，一般の人も利用できる。

「フランスを代表するシャンソン歌手の一人バルバラ（Barbara）がかつて住んでいた街を訪ねたい」というレファレンス質問も。利用者が所在地について，大まかな見当を付けていたので，所蔵するアトラス（大型地図帳）や旅行ガイドブックなどを使って回答する。

「バンド・デシネ」の蔵書は日本一

蔵書は，図書約 21,300 冊（うち外国語 20,000 冊），雑誌 26 誌（同 22 誌）。特に，文学とアート関係のものが多く，フランス語の資料が 9 割を占める。DVD や CD なども充実している。フランス語学習者のための「学習者の本棚」。この棚には，読む力をサポートすることを目的に，教師たちの協力のもとメディアテークが選んだ，小説，料理本，人文科学書，絵本，CD 付レクチャー本などがレベル別に並ぶ。

特徴あるコレクションは，フランス語圏のマンガ「バンド・デシネ（BD）」。わが国でトップを誇る約 1,000 冊の作品を所蔵している。アンスティチュ・フランセ東京では，毎年 10 月下旬から 11 月上旬にかけて，フランス語圏の文学とバンド・デシネの祭典『読書の秋』を開催している。

また，デジタル図書館「Culturethèque」では，電子書籍の貸出や BD の閲覧，フランス語学習者向けコンテンツなど，さまざまな資料にアクセス（要 年会費）できる。ご関心の向きは，ぜひお試しを。

●バンド・デシネの並ぶ書架。フランスでは「9 番目の芸術」の位置づけを得ている

基本情報	
●住所	〒162-8415 東京都新宿区市谷船河原町 15
●電話	03-5206-2500
●最寄駅	JR・地下鉄飯田橋駅，地下鉄都営大江戸線牛込神楽坂駅
●開館時間	平日 12：00 〜 20：00，土・日・祝日 10：00 〜 19：00（日曜は 18：00 まで）
●休館日	月・祝日
●料金	無料
●URL	http://www.institutfrancais.jp/tokyo/mediatheque/
●サービス	貸出（要 年会費 3,500 円），閲覧，レファレンス，複写，有料データベース・電子ジャーナル

● MAP

赤毛のアンの国が身近に
カナダ大使館 E・H・ノーマン図書館

●左：シャープなデザインの閲覧室
●右：E・H・ノーマン氏関連の資料展示

カナダ紹介の拠点として

　日系カナダ人で建築家のレイモンド・モリヤマ（Moriyama, Raymond）氏の設計によるカナダ大使館。図書館は，1991年，現庁舎「プラース・カナダ」の完成と同時に地下2階に開設された。このフロアには，ほかにカナダのアーティストの作品展示，映画の試写会などに使用される美術ギャラリーやシアターも。図書館も含めて，カナダを紹介する文化施設となっている。

　図書館は，開館10周年にあたる2001年に，歴史学者で外交官であったカナダ人ノーマン（Norman, E. Herbert）氏の功績を讃え，E・H・ノーマン図書館と改称。氏は生涯を通して，カナダと日本の人たちの相互理解と友好の促進に尽力した。主な利用者は，カナダについて調べている研究者，学生，マスコミ関係者。留学情報を探す学生や児童書を求める親子連れの姿も見られる。なお，利用には公的な写真付身分証明書が必要。

カナダの情報が満載！

　蔵書は，参考用・一般貸出用を合わせて図書約15,000冊（英語・フランス語約85％，日本語約15％）。カナダに関するもの，カナダ人作家によるものを所蔵する。図書は米国議会図書館の分類により排架。開架式のため，利用者は自由に閲覧できる。約10誌（英語・仏語）の雑誌からも，カナダの最新情報を得られる。カナダの多様な自然・文化・歴史を紹介したDVD，音楽CDなどの視聴覚資料も充実。

　特徴的なコレクションに，ノーマン氏の手紙や関連研究報告書，アルクイン・ソサエティ・カナダ・ブック・デザイン賞の受賞作品などがある。「E. H. ノー

マンのスピーチやレポートの原本が見たい」といった氏に関するレファレンス質問も多く，豊富なコレクションをもとに対応。また，モンゴメリ（Montgomery, Lucy Maud）と「赤毛のアン」のコーナーは人気が高く，書籍のほかに写真撮影ができるグッズも展示。

●人気が高い「赤毛のアン」のコーナー

イベントを通してカナダを知る

　図書館では，さまざまなイベントを通して，カナダに関する資料や情報を参加者に届けている。たとえば，「子供向けカナダの図書を読む会」（年6回不定期開催）。これは，カナダの祝日や行事，時々の話題などを，わかりやすく説明したあとに，関連する絵本の読み聞かせやゲームなどを行うもの。また，カナダの作家やさまざまな分野の専門家の来日に際し，カナダに関するトークショー「E・H・ノーマンスピーカーシリーズ」（随時開催）も行う。このほか，留学セミナー（予約制）の開催も。まさに，日本におけるカナダ情報の中心的存在となっている。カナダの理解とリサーチにぜひ役立てたい。

●閲覧室中央にある螺旋階段。階上にも書架が見える

基本情報	
●住所	〒107-8503 東京都港区赤坂 7-3-38
●電話	03-5412-6200
●最寄駅	地下鉄青山一丁目駅
●開館時間	平日 12：30 〜 16：30
●休館日	土・日，カナダおよび日本の祝日（一部）
●料金	無料（要 公的な写真付身分証明書）
●URL	http://www.japan.gc.ca
●サービス	貸出，閲覧，レファレンス

●MAP

サイエンス 47

海洋・地球科学に関する資料が揃う
海洋研究開発機構横浜研究所 図書館

● 左：図書館が入る「地球情報館」
● 右：3階の職員専用図書館の専門書。事前予約で一般の人も閲覧できる
（写真はすべて © 海洋研究開発機構）

図書館・シアター・ギャラリーから成る「地球情報館」

　海洋研究開発機構（ジャムステック）は，1971年に設立された海洋科学技術センターに起源を持つ。2002年に横浜研究所が開設された際，研究や観測によって得られたデータや映像を活用した一般向けの展示施設「地球情報館」がつくられた。

　図書館はこの施設の2階にあり，海洋や地球科学に関する図書や雑誌，視聴覚資料を収集し一般公開している。1階には地球や海に関する迫力ある映像が観られるシアターなども併設。3階には職員専用の図書館があり，事前に連絡すれば一般の人も閲覧できる。

幅広い利用者に児童書から専門書まで提供

　図書館の利用者は，子どもから大人，初学者から研究者までと実に幅広い。こうした利用者のニーズに対応するため，児童書から専門書まで取り揃える。図書館はジャムステックが刊行する図書や雑誌，所属する研究者の著書といった研究成果を蓄積・発信する役割も担う。関係者の成果物である学術論文，会議発表用資料，図書などは，電子的な形態でウェブ

● 児童向けのパネルが立つ閲覧室

サイトに蓄積し提供するシステムである「機関リポジトリ」で無料公開されている。遠方の利用者もアクセスできて便利だ。

図書館の資料や情報を使ったレファレンスサービスには，どのような質問が寄せられるのか，一例を挙げてみよう。「津波ハザードマップを作成したいので，過去に三浦海岸を襲った地震の各種データを知りたい」。こうした質問には，過去に三浦半島で起きた地震の震源，マグニチュード，各海岸の津波の到達時間と高さが把握できる『日本の自然災害』といった所蔵図書を紹介する。図書館では地震や環境問題の資料・情報も守備範囲としているから心強い。

最先端の調査研究をわかりやすく紹介

横浜研究所では，毎年1回，施設の公開を行っている。この日は，ジャムステックの研究者や技術者が講師となって，日頃の研究成果を紹介する。たとえば，「どうやってるの？ 地震・津波の調査観測」や「掘って地球を調べよう！」といったテーマを設定し，パネルや映像を使って来場者に，わかりやすく最新の研究や技術を説明する。また，この日は図書館も開館。館内では，これまで，子どもを対象に「深海生物ハンコを使って，いろいろ作っちゃおう！」などのイベントも開催。参加者は，海洋や地球に親しみながら，充実した一日を過ごせる。なお，内容は開催年により異なるため，ウェブサイトなどで事前に確認しよう。

●施設の公開日には図書館も開館。大勢の人たちで賑わう

基本情報		
●住所	〒236-0001 神奈川県横浜市金沢区昭和町 3173-25	
●電話	045-778-5476	
●最寄駅	京急本線杉田駅，JR・シーサイドライン新杉田駅	
●開館時間	平日 10：00 〜 17：00，毎月第 3 土曜 10：00 〜 16：00※	● MAP
●休館日	上記以外の土・日・祝日，年末年始，その他要問合せ※	
●料金	無料	
● URL	http://www.jamstec.go.jp/j/pr/library/index.html	
●サービス	貸出，閲覧，レファレンス，複写	

※開館時間と休館日は変更の予定あり。要問合せ

海からの贈りものと向き合う
水産研究・教育機構中央水産研究所 図書資料館

● 左：海に臨む中央水産研究所
● 右：研究報告や学術雑誌が並ぶ書架と閲覧室

海と食卓をつなぐ研究を支える

　水産研究・教育機構中央水産研究所は，魚が棲む環境を守り，魚を増やし育て，安心安全な海の幸を食卓に届けられるよう水産業全般について研究する機関だ。図書資料館の始まりである農林省（当時）水産試験場図書室は，水産分野の研究に活用される資料収集を目的に，1932年に設置された。

　研究所の図書館というと，何やら難しい本ばかり…と思うかもしれない。でも，図書資料館には私たちと魚との長いつきあいを示すさまざまな資（史）料がある。所外の主な利用者は，研究者，大学教員，学生など。水産関係の文献をまとめて読めることや，国内でも所蔵数の少ない希少資料を所蔵していることから，あらかじめ読みたい文献などをリストアップして訪れる研究者が多い。夏休みになると，自由研究の調べものをする小学生の親子連れも訪れる。「タコの生態や進化について知りたい」という質問も。次世代「さかなクン」を目指し，魚のナゾや魅力を探るにはぴったりの場所だ。

学術雑誌から釣りの指南書まで

　蔵書は，図書約49,000冊，雑誌約9,000誌。CD-ROMやDVDなど視聴覚資料もある。とりわけ統計資料，研究報告・紀要，学会誌・学術雑誌は，農林省水産試験場時代のものから所蔵し，現在も積極的に収集している。

　蔵書の特徴は，これらに加えて，1993年に水産庁水産資料館から移管され

た古文書などの歴史的資料を多数所蔵していること。たとえば「漁業制度資料」は，近世から近代にかけての全国の漁業と漁村に関する古文書の集成（古文書を筆写した筆写稿本を含む）で，日本の漁業史を知るうえできわめて貴重な資料群。また，「祭魚洞文庫」は渋沢敬三氏が収集したコレクション。現存する日本最古の釣り指南書『何羨録』(1723年)を含む。庶民に趣味としての釣りが広まったのは江戸時代のこと。江戸湾のキス釣りのスポット，釣り道具，天候の予測などが詳しく記され，釣りファンが熱い視線を投げかけそうだ。「祭魚洞文庫」を含む貴重書の一部は，水産研究・教育機構図書資料デジタルアーカイブで公開されている。

●津軽采女著『何羨録』(1723年)。デジタルアーカイブでも公開されている

世界の魚のはく製と出会う

併設の展示情報室には，世界の魚が大集合。魚類のはく製・レプリカ80点と調理例を展示。レアものも多く，地震魚とも呼ばれる「サケガシラ」や8本足の「タコイカ」に興味津々。このほか漁業模型，研究所所在地のジオラマもある。海からの贈りものを，ゆっくりじっくり愉しみたい。

なお，古文書をはじめとする蔵書のなかには閲覧が制限されるものも含まれるため，できるだけ訪問の1週間以上前までに電話で事前連絡を。

●展示情報室の魚のはく製と調理例

基本情報	
●住所	〒236-8648 神奈川県横浜市金沢区福浦2-12-4
●電話	045-788-7608
●最寄駅	シーサイドライン市大医学部駅
●開館時間	平日9:30～17:30（12:00～13:00閉館）
●休館日	土・日・祝日，年末年始（12月28日～1月4日）
●料金	無料
●URL	http://nrifs.fra.affrc.go.jp
●サービス	閲覧，レファレンス，複写

●MAP

サイエンス 49

わが国の極域科学研究を支える
国立極地研究所 情報図書室

● 左：内部が見通せるガラス張りの入口
● 右：新着雑誌架と閲覧室

南極大陸と北極圏が研究フィールド

　南極と聞くと，観測隊や昭和基地，近年の地球温暖化による氷床の融解などが思い出されるだろう。国立極地研究所（極地研）は，南極大陸と北極圏での観測を基盤に，共同研究課題の公募，情報提供など，極域科学の推進に取り組む研究機関だ。1973年，国立科学博物館から独立して発足した。

　図書室は，極地研が創設された翌1974年に設置。2004年，大学共同利用機関の法人化に伴い，現名称となった。極域研究の専門図書館として，白瀬矗中尉が率いた南極探検隊による記録『南極記』といった極地探検家の記録，研究レポートなど，貴重な一次資料を収集。利用者の中心は，所内の研究者だが，最近では一般の利用者も増加傾向にある。

寄贈や交換により築かれた資料群

　蔵書は，図書約28,100冊（うち外国語約17,700冊），雑誌約3,970誌（同約3,000誌），視聴覚資料も揃う。日本語よりも英語やロシア語の資料が多く，学術雑誌が蔵書の半数を占めるという。全資料のうち約7割の資料が，寄贈や各国極地研

● 極地研発行の製本された『南極資料』。主に南極観測に関わる研究成果を収録

究所との資料交換によって集められている。そのなかでも、研究者、観測隊員、山岳研究家など極地研に縁のある人たちから寄贈された資料を個人文庫として整理し、特色あるコレクションとしている。たとえば、極地研初代所長の永田武氏の蔵書から成る「永田文庫」。気象、宇宙、極地関連などの和・洋書で構成される。これらの資料は、オンライン閲覧目録（OPAC）で検索可能だ。

　また、所内研究者の成果物は、電子データとして保存し、学術情報リポジトリで公開。googleなどの検索エンジンによる全文検索にも対応している。

一般の利用者にもサービスを提供

　豊富な資料をもとに「南極の地名の綴りや和名を知りたい」「1990年代以降に実施された南極ロス海の棚氷のボーリング調査報告書を探している」といった一般の利用者からのレファレンス質問にも対応する。ときには所内の研究者の協力を得ることも。

　極地研では、一般の人たちに、活動内容を広く知ってもらうため、一般公開を行っている。その一環として、図書室では、毎年「南極・昭和基地に学ぶエコな生活」「日本の南極観測船の歩み」といった親しみやすいテーマを設定し資料展示を行う。展示に使用した資料は、小冊子にまとめて図書室で配布する。資料を通して、極地の世界へ思いを馳せてみるのもよいだろう。

●アニメ「宇宙よりも遠い場所」の上映と関連の資料展示（2018年度）

基本情報	
●住所	〒190-8518 東京都立川市緑町10-3
●電話	042-512-0649
●最寄駅	多摩都市モノレール線高松駅、JR立川駅、立川バス立川学術プラザ・立川市役所バス停下車
●開館時間	平日9：30～17：00
●休館日	土・日・祝日、年末年始
●料金	無料
●URL	https://www.nipr.ac.jp/library/index.html
●サービス	閲覧、レファレンス、複写

●MAP

99

サイエンス 50

「生命の星」地球を探検
神奈川県立生命の星・地球博物館 ミュージアムライブラリー

●ミュージアムライブラリーの入る神奈川県立生命の星・地球博物館。箱根登山鉄道「入生田駅」から3分と近い

●間口が広く入りやすい雰囲気のライブラリー

地球と自然についての知恵袋

　地球の年齢は46億歳。この長い歴史と生命の営みを追い、自然と人間の共生をテーマに活動しているのが、神奈川県立生命の星・地球博物館だ。1995年、神奈川県立博物館の再編により自然史博物館として開館した。巨大な恐竜の骨格から豆粒ほどの昆虫まで、10,000点に上る実物標本を展示している。
　ミュージアムライブラリーは、その2階に「自然について深く学習したい」「展示内容についての疑問を調べたい」という見学者の要望に応えるために設置された。明るく広々とした閲覧スペースに、しゃれたデザインの机と椅子。「こどものほんコーナー」では、壁際の書架上に折紙の恐竜が並ぶ。調べ物のためだけにでも訪れたくなる空間だ。なお、ライブラリーのみの利用は無料。

調べ学習に役立つ資料も豊富

　蔵書は、動植物、古生物、地球環境など自然史に関する資料が中心で、神奈川県の自然に関する資料・情報も揃う。図書約33,000冊（うち外国語約4,500冊）、雑誌約3,800誌（同約700誌）を所蔵。書架には一般の公共図書館ではあまり見られない専門的な雑誌が並ぶ。ライブラリーでは児童・生徒向けの図書の収集にも力を入れており、特に動植物や岩石・鉱物などの図鑑類が豊富。幼児から生徒にまで広く利用されている。
　貴重なコレクションとして、澤田文庫、酒井文庫などがある。澤田文庫は、箱根町出身の澤田武太郎氏が収集した植物に関する和・洋図書約1,700冊。な

かには，日本では数冊しかないと言われる18世紀ドイツの博物学者ケンペル（Kaempfer, Engelbert）氏の著書も含まれる。酒井文庫は，カニの研究で知られる動物学者，酒井恒氏の旧蔵書。博物館では，これとは別に標本と細密画も所蔵しており，このうちカニの細密画はウェブサイトでも公開中だ。

●広々とした閲覧スペース。書架上に折紙の恐竜が見える

ライブラリーで所蔵している図書と雑誌は，博物館の情報サイト「電子百科」で調べることができ，児童・生徒の調べ学習にも利用されている。

箱根観光後に訪れる家族連れも

観光地箱根のそばに立地していることもあり，観光を兼ねた家族連れが多く訪れる。学校の夏休み期間中は，自由研究のテーマ探しやまとめ方などの相談窓口として，毎年，児童・生徒の利用が多い。ときには，見学者が持参した岩石や化石，動植物などを調べる際に，学芸員がライブラリーの資料を参考にすることも。レファレンスサービスでは，「神奈川県内の○○地域に生息する生物の資料が見たい」など，地域性のある質問も受ける。自然に対する感動で胸がいっぱいになったら，3階のレストランでお腹もいっぱいにしよう。

●動植物に関する図書が並ぶ書架。手前はライブラリーの所蔵検索ができるコーナー

基本情報		
●住所	〒250-0031 神奈川県小田原市入生田499	
●電話	0465-21-1515	
●最寄駅	箱根登山鉄道入生田駅	
●開館時間	平日・土・日・祝日9:00～16:30（博物館への入館は16:00まで）	●MAP
●休館日	月曜，その他要問合せ	
●料金	無料	
●URL	http://nh.kanagawa-museum.jp/index.html	
●サービス	閲覧，レファレンス，複写	

サイエンス 51

銀河への扉
国立天文台 図書室

● 左：天文学と宇宙科学に関する資料が排架された書架
● 右：雑誌の最新号も多数並ぶ
（写真はすべて国立天文台提供）

天文学に関する古今東西の資料を集積

　わが国で継続的に星の観測をするようになったのは，江戸時代後期と言われる。東京天文台（国立天文台の前身）が発足したのは1888年。以来，天文学研究のナショナルセンターとして活動してきた。東京天文台より続く図書室は，2000年に現在の建物（1〜3階）に移転。専門書が中心だが，一般向けの図書もあり，年代も江戸時代のものから最新の図書・雑誌まで幅広くカバーしている。

　利用者は，主に天文台内の研究者と天文学専攻の大学院生。一般の人の利用は，和・洋図書と新着雑誌のある1階の閲覧室に限られる。

貴重書は一部ウェブサイトから閲覧も

　天文学研究の拠点図書室として，天文学・宇宙科学分野の資料を収集。蔵書は図書約63,500冊（うち外国語46,000冊），雑誌約2,000誌（同1,700誌）で，いずれも外国語資料の方が多い。このほかマイクロフィルムやCD-ROM・DVDなども豊富。

　専用の書庫に収められている貴重書は，江戸時代の天文・暦・和算関係の和漢書，1800年代以前を中心とした洋書の天文資料，研究者の旧蔵書の文庫などお宝の数々。その数約3,000冊。和漢書は江戸幕府の天文方に由来するものが中心で，なかには，天文学者の渋川春海が1677年に作成した「天文分野之図」もある。中国の星図に自ら観測した星を加え，日本各地の地名を対応さ

● 左：洋書の貴重書 ジェローム・ラランド著『ラランデ暦書』（*Astronomia of Sterrekunde*）（1775-1780 年）
● 右：貴重書 渋川春海作「天文分野之図」（1677 年）

せたもので，星座のふちに「四国」「紀伊」などの地名が見える。これら貴重書は，一般には非公開だが，図書室のウェブサイトを介して，一部をデジタル画像で閲覧できる。

イベントに参加して天文学を身近に

　天文台では，所蔵する貴重資料を一般の人たちに広く知ってもらうため，敷地内にある天文台歴史館で複製の展示を行っている。展示は図書室と暦計算室との共同企画で，たとえば「江戸時代の望遠鏡」「幕末の西洋 一般書に見える天文」などだ。展示会は毎回，天文ファン待望のイベントとなっている。

　また，毎年秋に開かれる天文台の特別公開「三鷹・星と宇宙の日」には，図書室も公開。この特別公開は，同じ敷地内にある他機関との合同イベントで，毎回多くの人が訪れる。貴重書の実物展示があるのも大きな魅力だ。星に魅了され，研究に人生を捧げた多くの先人たちの偉業に触れたあとには，これまでとは違った眼で夜空を眺められることだろう。

基本情報	
● 住所	〒 181-8588 東京都三鷹市大沢 2-21-1
● 電話	0422-34-3951
● 最寄駅	小田急バス・京王バス天文台前バス停下車
● 開館時間	平日 9：00 〜 17：00（12：00 〜 13：00 閉館）
● 休館日	土・日・祝日
● 料金	無料
● URL	https://library.nao.ac.jp
● サービス	閲覧，複写

● MAP

サイエンス 52

宇宙航空について知りたいときは
宇宙航空研究開発機構 本社図書館

● 左：図書館のある宇宙航空研究開発機構の入口
● 右：独立した建物の本社図書館
（写真はすべて ©JAXA）

宇宙航空分野を扱う専門図書館

　宇宙航空研究開発機構（JAXA）は，宇宙航空分野の基礎研究から開発・利用に至るまで一貫して行っている機関だ。2003年に宇宙科学研究所（ISAS），航空宇宙技術研究所（NAL），および宇宙開発事業団（NASDA）の3機関が統合して誕生した。

　本社図書館は，1955年，NALの起源である航空技術研究所の発足時に，航空技術に必要な資料の収集・整備を目的として設置された。その後1963年，宇宙部門の新設に伴って宇宙科学技術関係の資料も積極的に収集するようになり，現在に至っている。

　利用者は，研究者と学生が中心だが，誰でも利用できる。図書館の資料で，ロケットや科学衛星の開発・打ち上げの成果をたどり，遥かな宇宙に思いを馳せれば，さながら宇宙飛行士気分が味わえそうだ。

蔵書検索はライブラリーポータルで

　図書館では，主に宇宙航空分野に関する各種の資料や専門書を所蔵する。蔵書は図書約29,200冊（うち外国語約14,200冊），雑誌約1,700誌（同約1,000誌）で，CD-ROMやDVDも揃う。特徴的なコレクションとしては，米国航空宇宙局（NASA）や米国航空宇宙学会（AIAA）のテクニカルレポート，国際会議録，規格書などがある。

　JAXAには本社図書館のほか，筑波図書室，ISAS図書室，角田図書室があり，これらの図書館の蔵書は，「ライブラリーポータル」で把握できる。このサイ

トでは，電子ブックや電子ジャーナルも含めた蔵書の横断検索ができ，雑誌のタイトルリストやアクセスランキングも把握できる。検索の結果，利用を希望する場合は，事前に図書館にメールで連絡しておくと，資料の所在を確認してくれる。なお，貸出はしていない。

●雑誌架に新着雑誌が並ぶ閲覧室

　またJAXAでは，JAXAリポジトリ（AIREX）を構築し公開している。これはJAXAとNASA，および国内外機関の宇宙航空関連の学術文献の書誌情報や本文を同時に検索できるシステム。簡便に効率よく文献を探せる優れものだ。

コミュニケーションサイト ファン！ ファン！ JAXA！

　「宇宙や航空に興味はあるけれど難しそう」と感じている人のために，JAXAでは，ウェブサイトに宇宙航空に関する情報と，楽しい話題を提供するコミュニケーションサイトを開設している。ロケット打ち上げなどのトピックスを届け，イベント情報を提供し，見学できる展示施設も案内する。イベントの一つである施設一般公開では，ふだん見ることのできない試験設備や装置も公開され，毎年大賑わいだ。遠い宇宙が少し身近に感じられる。

●大勢の入場者で賑わう施設一般公開

基本情報	
●住所	〒182-8522 東京都調布市深大寺東町7-44-1
●電話	0422-40-3938
●最寄駅	京王バス・小田急バス航研前バス停下車
●開館時間	平日9：30～17：45
●休館日	土・日・祝日
●料金	無料
●URL	https://www-std01.ufinity.jp/jaxalib/
●サービス	閲覧，レファレンス，複写

●MAP

患者・家族と手をたずさえる
東邦大学医療センター大森病院 からだのとしょしつ

●左：木材の質感が心地よい明るい雰囲気の室内
●右：病気や薬についての図書が並ぶ書架

医学情報を提供する癒しの空間

　ドアを開けると、柔らかな陽ざしとクラシックのBGMが出迎えてくれる。明るい色調の壁と天井、木目調の床。中央の閲覧用大テーブルと椅子、書架はいずれも木製だ。特に書架は訪れる人に圧迫感を与えないよう、低層のものが選ばれている。ゆったりと落ち着いたたたずまいの室内。隅には給茶機まである。「ここは図書室？」と思わず目を瞬いてしまうこの空間は、東邦大学医療センター大森病院の3階にある患者図書室「からだのとしょしつ」だ。

　としょしつは、2005年4月、インフォームド・コンセントを推進するために、患者に対して信頼性のある医療・健康情報を提供することを目的として開設された。現在は、当初の目的に加えて、患者の「生活の質」向上につながる情報提供にも力を入れている。患者・家族に限らず、医学情報を必要とする人なら誰でも自由に利用できる。

専門家が選んだ確かな資料を提供

　蔵書約1,300冊は医学書が中心。病気別の検査や治療法、専門家が編集した「診療ガイドライン」などに加え、患者・家族から質問の多い食事、検査、薬についての図書や、病気をわかりやすく解説した図書も用意してある。壁際には、病気や治療、食事療法などについて書かれたパンフレットが所狭しと並ぶ。学会・研究機関、製薬会社等が発行するもので、その数約180種類。持ち帰りは自由だ。

　としょしつの資料選定は、すべて大森病院の医師、看護師、薬剤師ら各部門

のスタッフ十数名と司書で構成される運営委員会で決定する。詳細な基準に基づき専門家が選んだ資料は，信頼性が高く安心して利用できる。

安心のもう一つは，司書とボランティアが常駐していること。利用者からは，病気や薬についての質問や，医師の説明を資料で確認したいという要望が多く寄せられる。司書らは，利用者が必要な情報を入手できるようサポートしている。コピー機とオンライン閲覧目録（OPAC）の利用も可能。ただし，司書は医療相談には応じられない。

●病気や食事療法について書かれたパンフレット類

毎年開催「便利な道具の情報展」

最近の入院期間は短く，急性期が過ぎれば退院し，みな自分の生活に戻る。としょしつでは，入院患者が日常生活に早く戻れるよう，毎年，便利でデザイン性に富んだ生活補助具を展示している。皿・コップ・スプーン・箸などの食器，安全安心おしゃれな保護帽子，LEDライトが点灯する拡大鏡など。道具の紹介も利用者への大切な情報提供の一つ。利用者には毎回好評という。

●便利な道具の情報展「スプーンと箸」

基本情報	
●住所	〒143-8541 東京都大田区大森西6-11-1
●電話	03-3762-4151（内線3519）
●最寄駅	JR蒲田駅，京急本線梅屋敷駅
●開館時間	平日9：30～16：30，第2火曜9：30～14：30，土9：30～14：00
●休館日	第3土・日・祝日，年末年始（12月29日～1月3日），創立記念日（6月10日）
●料金	無料
●URL	http://www.mnc.toho-u.ac.jp/mmc/karada
●サービス	閲覧，レファレンス（東邦大学医学メディアセンター（本館）に準じる）

市民の健康づくりの拠点
慶應義塾大学先端生命科学研究所からだ館

● 左：致道ライブラリーの一角にある「からだ館」
● 右：闘病記が並ぶ書架

医療・健康・福祉
54

健康に関する総合的な情報ステーション

　山形県鶴岡市にある慶應義塾大学鶴岡タウンキャンパス。ここに，鶴岡市と慶應義塾大学，東北公益文科大学の三者が共同運営する致道ライブラリーがある。生命科学を中心とした自然科学系の資料と，公益学に関する人文・社会科学系の資料を所蔵する。

　2007年，慶應義塾大学先端生命科学研究所の研究プロジェクトとして，市民が誰でも利用できる「からだ館　がん情報ステーション」を，ライブラリーの一角に開設。2014年，「からだ館」に名称変更し，現在ではがんをはじめさまざまな病気，疾病予防，健康に関する情報を提供する。利用者は，中高齢者が多く，ソファに腰かけリラックスして資料を閲覧する姿も見られる。

利用者の情報探しをサポート

　からだ館では，約1,500冊の図書を提供し，常駐するプロジェクトスタッフが利用者の情報探しをサポートする。蔵書は，最新の診療ガイドライン，わかりやすい解説書，患者の手記や闘病記，全国の患者会の会報などが中心だ。患者自らが病気と向き合うためには，科学的根拠

● 病気ごとに作成された診療ガイドライン

108

と同じぐらい,実際の体験者がどう生き抜いたのかを知ることが役立つという。

　図書の分類は,部位別やカテゴリー別に細分することで,ふだん図書館を利用していない人にも探しやすくなっている。

学びと出会いの「場」も提供

　からだ館では,教える者と学ぶ者を分け隔てることなく,相互に教え合い学び合う「半学半教」をモットーとした「からだ館健康大学」を開講。ここでは,健康維持や疾病予防に関する学習会が開かれている。たとえば,管理栄養士などの専門家は,啓発や教育といった指導的な立場から接するのではなく,市民の自発的な学びを支えるという姿勢を大切にしている。

　月例のがん患者サロン「にこにこ倶楽部」。ここは,がんと向き合い生活する市民が集まり,お茶を飲みながら和気あいあいとおしゃべりする場だ。こうした闘病中の体験を分かち合うことで支え合うピアサポートの実践は,専門家によるサポートと相互補完を成し,当事者の回復や成長を助ける。

　「調べる・探す・相談する」機能を提供するライブラリーを拠点に,地域を健康にするための活動を継続する「からだ館」。「楽しく学ぶ」「出会う・分かち合う」機能との相乗効果を期待しながら,今後の取り組みに注目したい。

(参考)秋山美紀「慶應義塾大学『からだ館』10年間の歩み—図書館を拠点にした健康コミュニティへの総合的アプローチ」『カレントアウェアネス』No.336,2018

●がん患者サロン「にこにこ倶楽部」

基本情報	
●住所	〒997-0035 山形県鶴岡市馬場町14-1 致道ライブラリー内
●電話	0235-29-0806
●最寄駅	庄内交通致道博物館前バス停下車
●開館時間	平日8:45〜18:00,土曜8:45〜15:00, 第1・3日曜13:00〜18:00(からだ館スタッフ在室時間 平日9:00〜17:00)
●休館日	第2・4・5日曜,祝日,年末年始
●料金	無料
●URL	http://karadakan.jp/index.html
●サービス	貸出,閲覧,レファレンス,複写

●MAP

人と薬のあゆみを知る
内藤記念くすり博物館 図書館

- 左：くすり博物館の全景。中央が本館、左が図書館。右が展示館，手前が薬用植物園
- 右：洋装本（一般書）が並ぶ開架の書架

薬学・薬業の歴史を伝える

　人類の歴史に病気が付きものだったように，私たちと薬との付き合いも長い。内藤記念くすり博物館は，1971年，わが国初の薬の総合資料館として誕生した。開設者は，エーザイ株式会社の創業者である内藤豊次氏。開設は，薬学・薬業の発展を伝える貴重な資料を後世に残したい，という氏の意向に基づく。収蔵資料は約 65,000 点。

　図書館は博物館の併設施設として設置され，2005 年に現図書館棟がオープンした。蔵書は約 62,000 点。利用者は研究者に加えて薬草を調べる一般の人が多く，夏休みの自由研究や調べ学習に訪れる小学生の姿も時折見られる。

蔵書の半数は貴重な和装本

　蔵書は，薬学と医学分野の歴史的研究に役立つ専門書を中心とする。このうち半数は，江戸時代から明治時代初期にかけて刊行された和装本だ。

　蔵書はいくつかのコレクションを母体としており，その中心になったのが，薬学者であった清水藤太郎氏の旧蔵書「平安堂文庫」。このなかには 18 世紀の西洋の薬物を詳解した *Dictionaire ou Traite Universel des Drogues Simples*（1716 年，日本語名『レメリー薬物事典』）や，1886 年に出版された『日本薬局方』第 1 版，および国内で唯一現存するラテン語版（1888 年）が含まれる。また漢方医であった中野康章氏のコレクション「大同薬室文庫」は，江戸時代の医薬書の多くを網羅し，『解体新書』（1774 年）や，中国明時代の薬学の集成である『本草綱目』も含む。図書館には小さいながらも展示スペースがあり，とき

にはこれらお宝本と関連資料を合わせた展示が見られる。

蔵書はすべてオンライン閲覧目録（OPAC）で検索できる。そのうち一般書（洋装本）は開架だが，和装本は閉架書庫に保管され，閲覧には事前申請が必要。『解体新書』や貝原益軒編録『養生訓』など，特に貴重な資料26点は，デジタルアーカイブ化して公開されている。

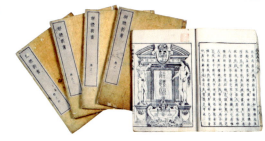
●常設展示室に展示中の『解体新書』（1774年）。杉田玄白，前野良沢らがオランダ語版から翻訳

書庫の資料を展示に

博物館に併設された展示館では，図書館の蔵書を常設展や企画展で展示している。常設展では上記の『解体新書』を展示。かつて社会科で習ったお宝本を間近に見られるとは，感激の一言。日本の感染症に関する企画展では，疱瘡や麻疹についての図書を，また認知症に関する企画展では，江戸時代の養生法や脳卒中の治療についての図書を展示し，好評を博したという。近年では，薬の歴史だけでなく，新しい医薬の情報に関する企画も行われている。

展示館の体験コーナーでは，骨密度や脳年齢などの測定ができる。医薬の歴史に注目したあとには，自分の健康にも目を向けたい。

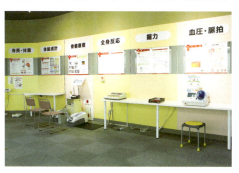
●骨密度，脳年齢，血管年齢などを計測できる体験コーナー

基本情報	
●住所	〒501-6195 岐阜県各務原市川島竹早町1
●電話	0586-89-2101
●最寄駅	JR尾張一宮駅，名鉄名古屋本線一宮駅
●開館時間	平日・土・日 9：00～16：00（12：00～13：00閉館） （博物館の開館は9：00～16：30，最終入館時間は16：00）
●休館日	月曜，年末年始，その他要問合せ
●料金	無料
●URL	http://www.eisai.co.jp/museum/
●サービス	閲覧，レファレンス

●MAP

明日に向けて福祉を学ぶ
市民福祉大学 福祉ライブラリー

- 左：壁伝いに手すりも設置してあるライブラリー入口
- 右：窓から明るい陽ざしが射し込む閲覧室

医療・健康・福祉 56

暮らしと福祉をつなぐ

　高齢化社会が進み，福祉の充実は，国や地方公共団体の重要施策の一つとなった。市民福祉大学は，神戸市社会福祉協議会が運営する組織で，各種講座や研修，およびボランティアの育成を行っている。福祉ライブラリーは1994年，そのなかに設立された。ライブラリーの目的は，福祉に関心がある人，ボランティア活動や地域福祉活動に尽力している人，社会福祉施設で働く人たちの福祉への関心を高め，専門性の向上が図れるようサポートすることだ。

　利用者は，福祉施設の関係者と一般の人（ボランティアや学生を含む）がそれぞれ半数で，いずれも市民福祉大学の講座や研修に参加したあとに立ち寄ることが多い。福祉関係者は知識の修得や，技術の向上を目指して訪れる。一般の人のうち，在宅介護に不安と戸惑いを抱いていたある女性は，立ち寄ったライブラリーで介護に関する図書を見つけ，これからの長い介護生活に備えられるようになったという。介護は多くの人にとって未体験の世界。必要な知識と技術を集積しているライブラリーは，心強い存在だ。

映像資料も豊富

　蔵書は，図書約14,000冊，雑誌約20誌で，ビデオテープやDVDなど映像資料も豊富。資料は開架で，大きく高齢者福祉，児童福祉，一般向けの3種に分けられる。高齢者福祉に関する映像資料では，認知症との関わり方，虐待防止，感染症対策，介護技術などに関するものが多い。児童福祉については，

●車椅子でも利用できるよう間隔を広くとった書架　●ビデオやDVDが見られる視聴覚コーナー

　発達障害や学習障害のある児童との関わり方をテーマとした資料が中心。一般向けでは，手話に関する映像資料も所蔵。このほか，福祉関係の人材の確保と定着を目的に，職場環境の改善をテーマとした資料も揃う。
　市内中学校の教師からは，福祉学習の事前準備のため，障がい者の気持ちを理解できる映像資料の貸出希望があるという。ライブラリーでは，自然な形で障がい者を支援する方法を具体的に紹介したビデオとDVDを提供しているとのこと。最近では，こうした福祉学習や施設内研修で利用できるDVDの需要が増えている。

「福祉ライブラリー」の存在と活動を知らせる

　暮らしと福祉をつなぐためには，ライブラリーの存在と活動を知ってもらうことが大切。ライブラリーでは，『ライブラリーニュース』を定期刊行し，市内の福祉施設にも配布している。福祉に関する新しい知識・技術の紹介や，福祉を取り巻く社会情勢についての情報提供がねらいだ。市民福祉大学の講座や研修の受講者には，ライブラリーの案内や関連資料を紹介。福祉に関心のある人は一度訪れてほしい。

基本情報	
●住所	〒651-0086 兵庫県神戸市中央区磯上通3-1-32
●電話	078-271-5303
●最寄駅	JR三ノ宮駅，地下鉄三宮駅，阪神本線・阪急神戸高速線三宮駅，神戸市営バス市民福祉交流センター前バス停下車
●開館時間	平日10：00〜18：00
●休館日	土・日・祝日，その他要問合せ
●料金	無料
●URL	http://www.with-kobe.or.jp
●サービス	貸出，閲覧，レファレンス，複写

都民のオアシスのなかにある緑の殿堂
みどりの図書館 東京グリーンアーカイブス

●左：みどりの図書館 東京グリーンアーカイブスが入る「緑と水の市民カレッジ」
●右：低層書架が並ぶ閲覧室

植物を知り庭園について学ぶ

 「この花の名前がわからない」「日比谷公園の『首かけイチョウ』について,資料があったら教えて」。こんな質問に対応するレファレンスサービスを行っているのが,みどりの図書館 東京グリーンアーカイブスだ。都民のオアシスの一つである日比谷公園のなか,東京都公園協会が運営する「緑と水の市民カレッジ」の2階にある。図書館の起源は1964年に開設された東京都公園資料館。その後,数回の移転と名称変更を経て,2011年に現名称となった。

 主な利用者は,植物に関心のある一般の人,造園・庭園づくりを学ぶ大学院生,造園関係の仕事をしている人,マスコミ関係者など。一般の人では年配者や近隣の会社員の姿も。市民カレッジの受講者が立ち寄ることもある。

 東京都内の公園や庭園の修復作業時には,東京都の職員が竣工図面や古い公園の写真を求めて訪れる。図書館は,一般の人の植物に関する質問から,公園の歴史や設計に関する専門的な質問まで一手に引き受けている。

緑に関する充実のコレクション

 公園,緑地,動植物,環境,庭園,都市計画など,緑に関する資料約178,000点を所蔵。このうち図書約61,500冊と雑誌約450誌には,東京都の関係部署からの寄贈資料が含まれる。いずれも入手が難しい資料が多い。緑に関するものでは児童書も所蔵。児童書コーナーには,動植物や自然に関する絵本,紙芝居,図書が並ぶ。なお,図書は原則閲覧のみで貸出はしていない。

 このほか図面では,明治から大正期にかけて全国各地の近代公園設計に多く

の功績を残した長岡安平氏の公園設計図など，古図面も保存。東京の名所を描いた絵はがきや，公園や東京の名勝などを描いた錦絵も収集・保存されている。どれも貴重な資料ばかり。これらの図面，絵はがき・錦絵，写真は，デジタル化して一般公開され，データ貸出もしている。

●貴重な資料を公開する所蔵資料紹介コーナー

閲覧室の奥に設けられた所蔵資料紹介コーナーでは，こうした貴重な資料の一部を，期間限定で特別公開している。デジタル版とは一味違った，現物の持つ魅力と歴史の重みが感じられる。

自然に囲まれ読書を愉しむ

書架は壁面では6段だが，中央部は3段。閲覧席の並ぶ大きな窓からは自然光が射しこむ。日比谷公園の緑と建物1階の屋根部分に設けられた屋上庭園の植物は，疲れた目を休ませてくれる。閲覧席がいつも満席なのも頷ける。

子ども向けには，毎年日比谷公園でイベントを開催。プログラムは，子ども青空図書館，自然観察など。子ども青空図書館では，絵本や紙芝居の読み聞かせを行う。集う人はみな，ゆったりとひとときを過ごしている。

●戸外を望む人気の閲覧席

基本情報	
●住所	〒100-0012 東京都千代田区日比谷公園1-5「緑と水の市民カレッジ」内
●電話	03-5532-1306
●最寄駅	地下鉄霞ケ関駅
●開館時間	平日・土9：00～17：00
●休館日	日・祝日，年末年始（12月29日～1月3日）
●料金	無料
●URL	https://www.tokyo-park.or.jp/college/archives
●サービス	閲覧，レファレンス，複写，写真・図面のデータ貸出

● MAP

まちの歴史を継承し未来へとつなぐ
名古屋都市センター まちづくりライブラリー

●左：書架に並ぶまちづくりに関する図書
●右：昭和初期の名古屋の住宅地図

名古屋のまちづくりのことなら

　名古屋都市センターは，1991年，戦災復興事業の収束を記念し，その成果を次世代に継承するとともに，21世紀の新しい名古屋のまちづくりに寄与する拠点として設立された。1992年には，都市センターの情報収集・提供事業の一翼を担う施設として，まちづくりライブラリーが開館した。

　ライブラリーの目的は，全国の戦災復興に関する資料，名古屋のまちづくりの歴史に関する資料を保存し，新たなまちづくりを推進するための情報を収集・提供することだ。主な利用者は，建築やデザインを専攻する学生，自分の住んでいる地域に関心を寄せる近隣の人たち，公務員や教員など。古い地図の閲覧希望者も多いという。

充実した専門資料群と便利なポータルサイト

　ライブラリーでは，先の目的を達成するため，都市計画・建築・環境などの図書や雑誌，名古屋市および他都市の行政資料，研究機関の調査報告書，地図などを収集する。蔵書数は，図書約35,000冊，調査報告書や行政資料約22,000冊などを合わせて，計約76,000冊に及ぶ。これらの資料は，ライブラリー独自の方法で分類（21区分）のうえ，利用に供される。コレクションには，大正後期と，昭和初期から現在に至る名古屋市都市計画に関連する約250枚の地図や，児童向けのまちづくりに関する図書や絵本などがある。

　都市センターは，ウェブサイトに地域のまちづくり活動に役立つポータルサ

イト「まちづくり資料総合案内」を構築した。このサイトは4つのコンテンツ─①都市計画や減災関連の地図情報「まちづくり情報システム」、②ライブラリー所蔵の昔の名古屋市内の様子がわかる絵葉書や写真などを公開する「デジタルアーカイブ情報」、③ライブラリーのオンライン閲覧目録（OPAC）、および④都市センターの出版物情報、から成る。今後もこうした「まちづくり資料」の充実を図っていくという。

●まちづくりや都市に関する児童書コーナー

レファレンスサービスと資料展

「名古屋の100ｍ道路は、なぜ久屋大通と若宮大通なのか」。こうした質問には、名古屋のまちづくりに携わった人の自叙伝、名古屋の都市計画史や戦災復興誌などをもとに回答する。

また、所蔵資料の周知を目的に年に数回、資料展も開催。「社史を読む」「名古屋の街道」など、中心主題の「まちづくり」や所蔵資料からテーマを選び、ポスター、パネル、展示資料のブックリストや小冊子などを作成し配布する。名古屋のまちづくりについて学ぶ絶好のチャンスだ。

●地図や写真を多用したパネルが印象的な資料展「名古屋港」（2017年度）

基本情報	
●住所	〒460-0023 愛知県名古屋市中区金山町1-1-1 金山南ビル12F
●電話	052-678-2212
●最寄駅	JR・地下鉄・名鉄名古屋本線金山駅
●開館時間	平日10：00～18：00（金曜10：00～20：00）、土・日・祝日10：00～17：00
●休館日	月曜（祝日の場合は翌平日）・第4木曜、年末年始、特別整理期間
●料金	無料
●URL	http://www.nup.or.jp/nui/
●サービス	貸出、閲覧、レファレンス、複写

都市政策のことなら
福岡アジア都市研究所
都市政策資料室

- 左：入口脇にはレファレンスカウンターが見える
- 右：所狭しと資料が並ぶ閲覧室

「福岡・アジア・都市」がキーワード

　都市政策資料室は，福岡を中心にアジアの視点を取り入れながら，都市政策を研究・提言する研究機関に附設されている。起源は1978年に福岡市企画調整部に設置された資料室。1988年に別組織に移管され，さらに組織改編を経て現在に至る。アジア地域を含む都市政策関係の図書，調査研究報告書，行政資料等を収集し，一般の利用者にも開かれた資料室だ。

まちづくりに関する資料が充実

　コレクションの中心を成すのは，都市政策，アジア関係の図書約18,000冊や雑誌約230誌，福岡県ほか地方公共団体の行政資料。研究所が作成した研究報告書や刊行物もすべて収集しており利用可能だ。

　特徴的なコレクションには，初代理事長であった光吉健次氏から寄贈された資料から成る「光吉文庫」がある。この資料群は，2014年度に文化庁国立近現代建築資料館の

●「光吉文庫」の資料の一部

環境・まちづくり・防災
59

委託により行われた「日本近現代建築資料全国調査」（調査実施：日本建築学会）で調査対象となった。調査の結果，わが国の近現代建築における発展の足跡を示す貴重な資料であり，次世代へ継承されるべき文化的価値の高いものとして評価された。

　研究所が取り組む「総合研究」の成果の一部に，『福岡市における生産年齢人口の減少を見据えた施策展開に関する研究』や『発展する都市／衰退する都市』などがある。これらの報告書は「人口変動によって福岡市が直面する課題は何か」といったレファレンス質問に回答する際に参照される。研究成果が質問に役立つときだ。研究所刊行物の多くはウェブサイトから全文参照できる。

「ナレッジコミュニティ」の開催

　資料室では，年に4回「ナレッジコミュニティ」を開催する。このイベントでは，講師を招いて福岡のまちづくりや文化，コミュニティ，国際といったテーマで講演を行い，その後テーマについて参加者が互いに語り合う。資料室は，このイベントを「知のコミュニティ」として機能させることで，新たなコミュニティの発足を目指している。

　中国に関心のある人たちの勉強会「チャイナ☆沙龍（サロン）」。この会は，ナレッジコミュニティの開催を機に発足したものだ。こうしたコミュニティ活動は，資料室にある「交流スペース」でも行われる。

●「チャイナ☆沙龍（サロン）」のフィールドワークの様子

基本情報	
●住所	〒810-0001 福岡県福岡市中央区天神1-10-1 福岡市役所北別館6F
●電話	092-733-5707
●最寄駅	地下鉄空港線天神駅，西鉄天神大牟田線西鉄福岡（天神）駅
●開館時間	平日10：00～17：00
●休館日	土・日・祝日，その他要問合せ
●料金	無料
●URL	http://www.urc.or.jp/
●サービス	貸出，閲覧，レファレンス，複写

減災のための知識の宝庫
全国市有物件災害共済会 防災専門図書館

●左：展示や掲示で工夫を凝らした閲覧室
●右：企画展「熊本地震」

防災・災害に関する資料が充実

　全国の市の委託を受け，その公有財産が災害で損なわれた場合に相互救済する事業を行う全国市有物件災害共済会。共済会の事業の一つに，防災に関わる調査研究がある。この事業の過程で収集された資料の有効活用と，住民の防災意識の向上を図るため，1956年に防災専門図書館が設置された。

　図書館の主な利用者は，研究者や学生，企業や団体の防災担当者，自宅周辺の災害時の被害予想を調べに来た一般の人など。図書館は，ホテルや会議室，ホールなどが入居する複合ビルの8階にあるため，人目に触れにくいが，目的意識を持つ来館者が多いという。

収集対象は「人に災いを及ぼすもの」

　図書館では，災害を「人に災いを及ぼすもの」と広く捉え，洪水・地震などの「自然災害」と，火災・交通災害などの「人為災害」に関する図書約16万冊，雑誌約530誌を所蔵する。さらに，災害事象にとどまらず，その背景や対策を著した地方公共団体や研究機関が発行する行政・研究資料も収集。

　これらの資料の多くは，通常の商業出版物として流通しないため，発行元からの寄贈に依存している。所蔵資料の約7割が寄贈によるというから驚きだ。それだけに入手困難な貴重資料が揃っていると言える。

「119」で救急車が呼べるようになったのは,いつ頃から？

　図書館では所蔵資料を使い,こうしたレファレンス質問に対応する。ときには,類似のテーマの資料を所蔵する他機関を紹介することも。蔵書は閉架であるため,資料へのアクセスのしやすさが重要だ。図書館では,蔵書を災害の種類ごとに分類し,オンライン閲覧目録（OPAC）に目次を入力したり,関連するキーワードを付与したりして,利用者の検索の精度を高めている。

　ウェブサイトでの情報発信にも積極的だ。「デジタルアーカイブ」では,江戸時代の火災・地震関係のかわら版（事件等の速報記事を木版印刷したもの）約90点や,関東大震災の第一級資料『震災予防調査会報告 第百号 関東大地震調査報文』などの各種災害報告書を高精細な画像で公開。また,関東大震災や都市防空,雷災などの「テーマ別蔵書リスト」も作成し公開している。

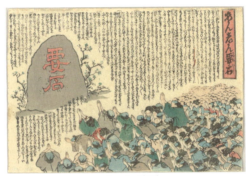
●江戸時代のかわら版「安ん志ん要石（あしんかなめいし）」

企画展と「防災いろはかるた」

　図書館では,防災意識の向上と蔵書の活用を目的に毎年,企画展を開催。単なる蔵書の展示ではなく,来館者の理解を助けるグラフや図表も含めた解説パネルも作成する。また,諺をもじった「防災いろはかるた」を作成し公表。図柄を変更できるようデータでも提供する。大いに活用したい。

●防災いろはかるた

基本情報		
●住所	〒102-0093 東京都千代田区平河町2-4-1 日本都市センター会館8F	
●電話	03-5216-8716	
●最寄駅	地下鉄永田町駅・赤坂見附駅,地下鉄有楽町線麹町駅,JR四ツ谷駅	
●開館時間	平日9：00～17：00	●MAP
●休館日	土・日・祝日	
●料金	無料	
●URL	https://www.city-net.or.jp/library/	
●サービス	閲覧,レファレンス,複写	

災害の記憶を地域の防災に活かす

防災科学技術研究所 自然災害情報室

- 左：太陽光にガラスが光る研究交流棟。自然災害情報室はこの2階に位置する
- 右：新着資料コーナーが見える入口

自然災害と防災をテーマに

　地震，水害，火山噴火。災害列島に住む私たちは，いつどこで自然災害に見舞われるかわからない。防災科学技術研究所自然災害情報室は，自然災害と防災に関する資料を収集・発信している。前身の資料調査室は，研究所設立の1年後，1964年に開設された。現在は，災害資料の保存と解析を行う研究部門と，図書室機能を持つライブラリー部門とで構成されている。

　利用者は研究所の所員が多いが，一般の人も利用できる。レファレンスサービスには「大正から昭和期の地図を見たい」「過去の災害事例を知りたい」という質問も寄せられる。なかには，1923年に起こった関東大震災の絵図の閲覧をきっかけに，当時の津波の進行状況や災害前後の地域の様子を明らかにした利用者もいる。90年以上前の資料が，今の調査に活かされた一例だ。

災害資料をデータベース化し広く公開

　蔵書は図書約67,000冊，雑誌約330誌で，電子ジャーナルも多数導入されている。自然災害情報室では，これらのほかに独自に収集したコレクションも多数所蔵する。たとえば，災害空中写真は，過去の災害発生時に上空から撮影した画像をロールフィルムや印画紙の形で購入したもの。デジタル化され，被災状況解析にも利用されている。水害地形分類図は，故大矢雅彦氏（早稲田大学名誉教授）の編著による水害地形分類図49編をデジタル化したもので，アーカイブ資料として公開されている。また，各地方公共団体が発行したハザードマップも収集しており，これらをもとに日本火山学会と協力して，火山ハザー

ドマップデータベースを作成し公開している。

　さらに自然災害の発生時には「防災科研クライシスレスポンスサイト」が開設される。さまざまな情報を網羅的に集約して災害状況をリアルタイムで発信し、被災地の情報を広く公開している研究所のサイトだ。ここ

●閉架の集密書庫。災害空中写真のアルバムが並ぶ

で集約された情報は、自然災害情報室でアーカイブとして保存される。いずれも収集した資料を、より使いやすい情報に整理・加工して提供している点が特色だ。

イベントを通して災害に備える情報を提供

　自然災害情報室では災害関連のイベントも開催する。年に2回の企画ミニ展示では、その時々に発生した災害に関する資料を展示。また近年、被災地の図書館のなかには災害資料を収集・保存するところも増えてきたため、自然災害情報室では、これらの図書館相互の連携をサポートする取り組みも行っている。2013年以降は、図書館総合展にも出展し、ポスター展示や被災地の図書館員による講演も主催。過去の自然災害の実態や復興の手がかりを知り、ぜひとも日頃の防災に役立てたいものだ。

●ミニ展示「災害と食」

基本情報		
●住所	〒305-0006 茨城県つくば市天王台3-1	
●電話	029-863-7635	
●最寄駅	つくばエクスプレスつくば駅	
●開館時間	平日9:30～17:00	●MAP
●休館日	土・日・祝日、その他要問合せ	
●料金	無料	
●URL	http://dil.bosai.go.jp	
●サービス	閲覧、レファレンス、複写	

掲載館リスト＆データ

図書館名	所在地
あ行	
味の素食の文化センター 食の文化ライブラリー	東京都港区
アドミュージアム東京 ライブラリー	東京都港区
アンスティチュ・フランセ東京 メディアテーク	東京都新宿区
石川武美記念図書館	東京都千代田区
印刷博物館 ライブラリー	東京都文京区
宇宙航空研究開発機構 本社図書館	東京都調布市
大倉精神文化研究所 附属図書館	神奈川県横浜市
大阪産業労働資料館（エル・ライブラリー）	大阪府大阪市
大阪府立男女共同参画・青少年センター（ドーンセンター）情報ライブラリー	大阪府大阪市
大阪歴史博物館 学習情報センター「なにわ歴史塾」	大阪府大阪市
大宅壮一文庫	東京都世田谷区
か行	
海洋研究開発機構横浜研究所 図書館	神奈川県横浜市
神奈川県立生命の星・地球博物館 ミュージアムライブラリー	神奈川県小田原市
カナダ大使館 E・H・ノーマン図書館	東京都港区
紙の博物館 図書室	東京都北区
矯正協会 矯正図書館	東京都中野区
慶應義塾大学先端生命科学研究所 からだ館	山形県鶴岡市
神戸ファッション美術館 ライブラリー	兵庫県神戸市
国際協力機構 図書館	東京都新宿区
国際交流基金 ライブラリー	東京都新宿区
国際連合大学 ライブラリー	東京都渋谷区
国立映画アーカイブ 図書室	東京都中央区

ジャンル	掲載頁	面積（㎡）	座席数（席）	SNSの状況
くらし	38	330	24	Facebook
経済・産業	78	164	14	Facebook, Twitter
国際・外国事情	90	250	45	Facebook, Twitter
社会	52	400	17	—
経済・産業	74	100	7	Facebook, Twitter, Instagram
サイエンス	104	1,174	18	—
文学・歴史	10	900	16	Facebook, Twitter
社会	60	255	23	Facebook, Twitter
社会	48	750	24	Facebook, Twitter
文学・歴史	12	306	28	Blog
社会	54	754	78	—
サイエンス	94	540	30	Facebook, Twitter, Instagram
サイエンス	100	422	32	—
国際・外国事情	92	413	30	Facebook, Twitter
経済・産業	76	61	10	Facebook, Twitter, Instagram
社会	58	650	15	Facebook, Twitter
医療・健康・福祉	108	619[1)]	65[1)]	Facebook
くらし	34	935	80	Facebook, Twitter
国際・外国事情	80	50	12	—
国際・外国事情	82	330	17	Facebook
国際・外国事情	84	550	30	Facebook, Twitter
文化・芸術	30	358	24	—

図書館名	所在地
国立極地研究所 情報図書室	東京都立川市
国立劇場 図書閲覧室	東京都千代田区
国立女性教育会館 女性教育情報センター	埼玉県比企郡
国立天文台 図書室	東京都三鷹市

さ行

図書館名	所在地
市民福祉大学 福祉ライブラリー	兵庫県神戸市
住総研 図書室	東京都中央区
人権教育啓発推進センター 人権ライブラリー	東京都港区
水産研究・教育機構中央水産研究所 図書資料館	神奈川県横浜市
すみだ北斎美術館 図書室	東京都墨田区
全国市有物件災害共済会 防災専門図書館	東京都千代田区

た行

図書館名	所在地
駐日韓国大使館韓国文化院 図書映像資料室	東京都新宿区
鉄道博物館 ライブラリー	埼玉県さいたま市
東京子ども図書館	東京都中野区
東京都江戸東京博物館 図書室	東京都墨田区
東京都美術館 美術情報室	東京都台東区
東邦大学医療センター大森病院 からだのとしょしつ	東京都大田区
東洋文庫	東京都文京区
トヨタ産業技術記念館 図書室	愛知県名古屋市

な行

図書館名	所在地
内藤記念くすり博物館 図書館	岐阜県各務原市
名古屋都市センター まちづくりライブラリー	愛知県名古屋市
奈良県立万葉文化館 万葉図書・情報室	奈良県高市郡
日本海事センター 海事図書館	東京都千代田区
日本カメラ博物館 JCII ライブラリー	東京都千代田区
日本近代文学館	東京都目黒区

ジャンル	掲載頁	面積（㎡）	座席数（席）	SNS の状況
サイエンス	98	940	31	—
文化・芸術	24	241	24	—
社会	50	1,085	22	[Facebook][Twitter][Instagram]
サイエンス	102	818	11	—
医療・健康・福祉	112	125	17	—
くらし	40	120	8	[Facebook][Twitter]
社会	56	370	18	—
サイエンス	96	1,281	23	—
文化・芸術	22	71	7	[Facebook][Twitter]
環境・まちづくり・防災	120	493	12	—
国際・外国事情	88	300	20	—
経済・産業	68	471	24	[Facebook]
くらし	46	163	15	[Facebook]
文学・歴史	8	約500	約40	[Facebook][Twitter][Instagram]
文化・芸術	20	88	14	[Facebook][Twitter]
医療・健康・福祉	106	70	15	—
文学・歴史	6	346[2]	28[2]	[Facebook][Twitter][Instagram]
経済・産業	66	697	58	[Facebook]
医療・健康・福祉	110	1,266	6	—
環境・まちづくり・防災	116	900	36	[Facebook]
文学・歴史	4	327	24	[Facebook]
経済・産業	70	233	11	—
くらし	44	153	8	—
文学・歴史	2	4,112	48	[Twitter]

図書館名	所在地
日本航空協会 航空図書館	東京都港区
日本交通公社 旅の図書館	東京都港区
日本証券経済研究所東京研究所 証券図書館	東京都中央区
日本貿易振興機構アジア経済研究所 図書館（学術情報センター）	千葉県千葉市

は行

阪急文化財団 池田文庫	大阪府池田市
広島市まんが図書館	広島県広島市
福岡アジア都市研究所 都市政策資料室	福岡県福岡市
防災科学技術研究所 自然災害情報室	茨城県つくば市
ポーラ化粧文化情報センター	東京都品川区

ま行

みどりの図書館 東京グリーンアーカイブス	東京都千代田区
民音音楽博物館 音楽ライブラリー	東京都新宿区
明治大学 米沢嘉博記念図書館	東京都千代田区

や行・ら行・わ行

野球殿堂博物館 図書室	東京都文京区
労働政策研究・研修機構 労働図書館	東京都練馬区
早稲田大学坪内博士記念演劇博物館 図書室	東京都新宿区

注)
- フェイスブック ツイッター インスタグラム ブログ
- 数値は 2018 年 8 月現在。面積は図書館の面積。SNS の状況には親機関が開設しているものも含む。
- 所在地は都府県に加え，市・郡（東京都特別区のみ区）まで記載した。

1) 致道ライブラリー全体の数値
2) 閲覧室の数値
3) 移転のため 2019 年 2 月現在の数値

ジャンル	掲載頁	面積（㎡）	座席数（席）	SNSの状況
経済・産業	72	93	14	—
くらし	42	450	51	—
経済・産業	64	126 [3]	3 [3]	—
国際・外国事情	86	8,000	100	—
文化・芸術	28	2,129	25	📘🐦
文化・芸術	16	314	80	—
環境・まちづくり・防災	118	160	6	—
環境・まちづくり・防災	122	573	35	🐦
くらし	36	28	8	🐦📷
環境・まちづくり・防災	114	562	28	🐦
文化・芸術	32	482	30	—
文化・芸術	14	810	26	🐦
文化・芸術	18	155	14	🐦
経済・産業	62	920	37	—
文化・芸術	26	1,020	60	📘🐦

著者紹介

青柳英治（あおやぎ・えいじ）

明治大学文学部教授。筑波大学大学院図書館情報メディア研究科
博士後期課程修了。博士（図書館情報学）。
〔主著〕『専門図書館の役割としごと』（共編著，勁草書房，2017年），
『ささえあう図書館―「社会装置」としての新たなモデルと役割』
（編著，勉誠出版，2016年），『専門図書館の人的資源管理』（単著，
勉誠出版，2012年）ほか。

長谷川昭子（はせがわ・あきこ）

日本大学文理学部非常勤講師。筑波大学大学院図書館情報メディ
ア研究科博士後期課程修了。博士（図書館情報学）。
〔主著〕『専門図書館の役割としごと』（共編著，勁草書房，2017年），
『情報資源組織演習―情報メディアへのアクセスの仕組みをつく
る』（共編著，ミネルヴァ書房，2016年），『専門図書館における現
職者教育と個人の能力開発』（単著，風間書房，2013年）ほか。

ライブラリーぶっくす

専門図書館探訪
あなたの「知りたい」に応えるガイドブック

2019年10月25日　初版発行

著　者　青柳英治・長谷川昭子
監　修　専門図書館協議会
発行者　池嶋洋次
発行所　勉誠出版株式会社
　　　　〒101-0051　東京都千代田区神田神保町 3-10-2
　　　　TEL：(03)5215-9021(代)　FAX：(03)5215-9025
〈出版詳細情報〉http://bensei.jp

印刷・製本　中央精版印刷
ISBN978-4-585-20070-3　C0000

本書の無断複写・複製・転載を禁じます。
乱丁・落丁本はお取り替えいたしますので、ご面倒ですが小社までお送りください。
送料は小社が負担いたします。
定価はカバーに表示してあります。

ライブラリーぶっくす
ささえあう図書館
「社会装置」としての
新たなモデルと役割

全国から、先駆的な取り組みを
行っている図書館の事例を集
積。これまでの公共図書館の枠
組みを外して、民間の取り組み
や、いわゆる「図書館」に収まら
ない形態の図書館を紹介する。

青柳英治 編著／岡本真 監修
本体 1,800 円（＋税）

専門図書館の人的資源管理

限られた人材を活用し、情報提
供サービスの質を落とさないた
めにはどうすればよいのか？
企業内専門図書館を対象とした
考察をもとに、「情報専門職」
の養成と教育訓練の今後のあり
かたを提示する。

青柳英治 著
本体 4,800 円（＋税）

ライブラリーぶっくす
世界の図書館から
アジア研究のための
図書館・公文書館ガイド

膨大な蔵書や、貴重なコレク
ションを有する代表的な45館
を世界各地から精選・紹介。
現地での利用体験に基づいた、
待望の活用マニュアル！

U-PARL 編
本体 2,400 円（＋税）

ライブラリーぶっくす
図書館の日本史

図書館はどのように誕生したの
か？ 歴史上の人物たちはどのよ
うに本を楽しみ、収集し、利用し
たのか？ 古代から現代まで、日
本の図書館の歴史をやさしく読み
解く、はじめての概説書！

新藤透 著
本体 3,600 円（＋税）

ライブラリーぶっくす
司書のお仕事
お探しの本は
何ですか？

司書課程で勉強したいと思っている高校生、大学生、社会人や、司書という仕事に興味を持っている方に向けて、司書の仕事をストーリー形式でわかりやすく伝える一冊。

大橋崇行 著／小曽川真貴 監修
本体 1,800 円（＋税）

トップランナーの
図書館活用術
才能を引き出した
情報空間

各界のトップランナーたちはいかに図書館で鍛えられたか。彼らの情報行動を丹念に辿り、未来への展望を探る。全く新しい図書館論、読書論、情報活用論。

岡部晋典 著
本体 2,000 円（＋税）

ポストデジタル
時代の
公共図書館

電子書籍市場の実態や米国図書館、日本の大学図書館との比較を通して、ポストデジタル時代に対応する公共図書館の未来像を活写する。

植村八潮・柳与志夫 編
本体 2,000 円（＋税）

ライブラリーぶっくす
図書館員を
めざす人へ

憧れているだけでは分からない。司書・司書教諭になりたい人、必見！　図書館で働きたい方に向けた、基礎知識から実践までのガイド。図書館員になるためのガイドブック＆インタビュー集の決定版！

後藤敏行 著
本体 2,000 円（＋税）

ライブラリーぶっくす
知って得する図書館の楽しみかた

図書館で行われているイベントとは？　本はどのように探す？誰もが図書館を自由自在に楽しみつくすために、知っているようで知らない図書館の使い方を若き館長が紹介する。

吉井潤 著
本体 1,800 円（＋税）

日本占領期の学校図書館
アメリカ学校図書館導入の歴史

終戦以後、連合国の占領下に置かれた日本で行われた教育改革。今につながる学校図書館の歴史を見通しながら、学校教育と図書館がどう連携できるのか、その課題と未来像を問う。

今井福司 著
本体 5,000 円（＋税）

図説 よりすぐり国立国会図書館
竹取物語から坂本龍馬直筆まで

仏教典籍、古写本、絵巻・絵本、古活字版から、幕末維新期の写真、書簡、憲法草案まで。名品の数々を味わい、日本文化の歴史を辿る。「大小暦」「江戸の博物誌」「ちりめん本」などコラムも充実。

国立国会図書館 編
本体 2,800 円（＋税）

現代日本の図書館構想
戦後改革とその展開

日本の図書館はいかに構築され、課題は何か。戦後占領期から、組織・しくみが構築された80年代までを中心に、図書館法、Japan Library School、国立国会図書館など、戦後図書館史のエポックを検討する。

今まど子・高山正也 編著
本体 2,800 円（＋税）

日本の文化財
守り、伝えていく
ための理念と実践

文化財はいかなる理念と思いの
なかで残されてきたのか、ま
た、その実践はいかなるもので
あったのか。長年、文化財行政
の最前線にあった著者の知見か
ら、文化国家における文化財保
護のあるべき姿を示す。

池田寿 著
本体 3,200 円（＋税）

デジタルアーカイブ・
ベーシックス 1
権利処理と
法の実務

著作権、肖像権・プライバシー
権、所有権…デジタルアーカイ
ブをめぐる「壁」にどのように
対処すべきか。アーカイブ活動
を円滑に行うための俯瞰図とガ
イドラインを示すはじめての書。

福井健策 監修／数藤雅彦 責任編集
本体 2,500 円（＋税）

デジタルアーカイブ・
ベーシックス 2
災害記録を
未来に活かす

博物館、図書館、放送局や新聞
社など、各種機関・企業が行
なっているデジタルアーカイブ
の取り組みの実例を紹介。記録
を残し、伝えて、そして、デジ
タルアーカイブを防災に活用す
ることの意義をまとめた一冊。

今村文彦 監修／鈴木親彦 責任編集
本体 2,500 円（＋税）

わかる！
図書館情報学シリーズ 1
電子書籍と
電子ジャーナル

「電子書籍」や「電子ジャーナル」
など、図書館の枠組みに大きく
影響を与える新メディア。その
基礎的な技術からメリット・デ
メリット、図書館における利活
用まで丁寧に解説する。

日本図書館情報学会研究委員会 編
本体 1,800 円（＋税）

わかる！
図書館情報学シリーズ2

情報の評価とコレクション形成

データの海を泳ぐために、図書館情報学が導き出す理論。情報化社会を生きる現代人に必須の「評価基準」とは何か。理論から実践・実例までを備えた、基礎的テキストの決定版。

日本図書館情報学会研究委員会 編
本体 1,800 円（＋税）

わかる！
図書館情報学シリーズ3

メタデータとウェブサービス

メタデータによる書誌的記録管理や国際規格の現在を探り、検索エンジンやクラウド・コンピューティングの可能性を探る。Europeana、CiNii、Google、Amazon…その基盤と展開。

日本図書館情報学会研究委員会 編
本体 1,800 円（＋税）

わかる！
図書館情報学シリーズ4

学校図書館への研究アプローチ

近年の動きとともに多様化する学校図書館のありかた。司書教諭や学校司書など実務者まで含めた執筆陣が、個別具体的な研究の最前線を紹介する。

日本図書館情報学会研究委員会 編
本体 1,800 円（＋税）

わかる！
図書館情報学シリーズ5

公共図書館運営の新たな動向

多様な立場からなる図書館組織、住民との「協働」、個人情報の扱い方、利用の変化からみた「建築」のあり方や老朽化など、公共図書館が今後直面する問題を共有し、考えるための一冊。

日本図書館情報学会研究委員会 編
本体 1,800 円（＋税）